# vive le français!
# HORIZONS

**3**

**G. Robert McConnell**
Coordinator of Modern Languages
Scarborough Board of Education
Scarborough, Ontario

**Rosemarie Giroux Collins**
Wellington County
Board of Education
Guelph, Ontario

**Addison-Wesley Publishers**

Don Mills, Ontario • Reading, Massachusetts
Menlo Park, California • Wokingham, Berkshire
Amsterdam • Sydney • Singapore • Tokyo • Mexico City
Bogotá • Santiago • San Juan

**Design and Illustration**
Pronk & Associates

**Illustrators**
Emilio Bandera, Graham Bardell, Thach Bui,
Ian Carr, Owen Demers, Rick Fischer, Bob Fortier,
Peter Grau, Danielle Jones, Marilyn Mets,
Paul McCusker, Bill Payne, Mark Summers

**Cover Illustration**
Mark Summers

**Project Editors**
Joyce A. Funamoto and Jane McNulty

**Photographers**
© *Gilles Benoît/Hot Shots*, p. 103 (TL); © *Derek Caron/Masterfile*, p. 19 (St. Lawrence River); © *Gérard Champlong/The Image Bank Canada*, p. 121 (BL); © *Kimberley Cleary/Hot Shots*, p. 120 (T), p. 121 (T); © *Daily Telegraph/Masterfile*, pp. 68, 136; © *Ian R. Crysler*, pp. 18-19 (background), pp. 34-35 (background); © *Aubrey Diem/Masterfile*, pp. 68-69 (background); © *R. Erlac/Hot Shots*, p. 69 (main square, Bruges); *French West Indies Tourist Bureau*, p. 103 (sailboard on beach); © *P.J. Frith/Hot Shots*, pp. 120-121 (background); © *Philippe Gontier*, p. 35 (*L'Arc de Triomphe*); *Gouvernement du Québec*, pp. 18, 19 (TL; TR; BL; BR); © *Al Harvey/Masterfile*, p. 69 (BR); © *Marcel Isy-Schwart/The Image Bank Canada*, p. 121 (BR); © *Jean-Claude Lozouet/Masterfile*, p. 137 (man sewing; African art); © *Masterfile*, pp. 84, 85 (chef; palm trees), pp. 102-103 (background), p. 103 (women with baskets; buses); *G.R. McConnell*, p. 51 (B); © *Richard Plowright*, p. 103 (B) (palace ruin); © *Juergen Schmitt/The Image Bank Canada*, pp. 136-137 (background); p. 137 (village; girls; fruit stands); © *Wendy Schottman*, p. 34 (*Le Tour de France*); © *Ivor Sharp/The Image Bank Canada*, p. 85 (church); © *Wm. J.S. Smith/Hot Shots*, p. 69 (buildings in Brussels; Ghent); *Swiss National Tourist Office*, pp. 50-51 (background), p. 51 (cable car); *United Nations Photos*, p. 120 (B); © *Luis Villota/Masterfile*, p. 51 (TR); © *Ron Watts/First Light*, p. 35 (Eiffel Tower; Louvre; Paris Opera; market); © *Robin White/Fotolex Associates*, p. 51 (covered bridge at Lucerne); © *John M. Wilson*, p. 35 (TL); pp. 84-85 (background); © *ZEFA/Masterfile*, p. 50.

Copyright © 1985 Addison-Wesley Publishers Limited All rights reserved. No part of this publication may be reproduced, stored in a retrieval system, or transmitted, in any form or by any means, electronic, mechanical, photocopying, recording or otherwise, without the prior written permission of the publisher.

Printed and bound in Canada

ISBN 0-201-17962-8

C D E F -BP- 90 89 88 87

# table des matières

5

# quel talent!

CÉLINE – Léon... Léon...!
LÉON – Quoi?! Je suis occupé!
CÉLINE – Qu'est-ce que tu fais?
LÉON – Je fais une partie de *Génie*.
CÉLINE – *Génie*?
LÉON – Oui, c'est mon nouveau jeu de mathématiques. C'est moi contre l'ordinateur.
CÉLINE – Tu gagnes tout le temps?
LÉON – Mais certainement! J'ai un talent naturel!
CÉLINE – Ce n'est pas difficile, alors?
LÉON – Tu parles! Mais moi, je suis un expert!

6

CÉLINE – Léon, est-ce que ... ?
LÉON – C'est assez! Tu parles trop! ...Voilà! ...Huit cents points!
CÉLINE – C'est un bon score?
LÉON – Bon?! C'est fantastique!

CÉLINE – Maintenant, c'est mon tour! D'accord?
LÉON – Tu es folle? C'est trop difficile pour toi!
CÉLINE – Une partie seulement ... ?
LÉON – Non!

CÉLINE – Une petite partie ... ?
LÉON – Non!
CÉLINE – S'il te plaît, Léon!
LÉON – Bon, bon! Mais une partie, c'est tout!

CÉLINE – Chouette! Alors, qu'est-ce que je fais?

LÉON – D'abord, tu presses sur ⟨RETURN⟩ et le jeu commence.

CÉLINE – ...Voilà! Et puis?

LÉON – Tu réponds à la question!

CÉLINE – Mais comment?

LÉON – Eh bien, la réponse, c'est cinquante. Alors, tu tapes «5», «0» et ⟨RETURN⟩.

CÉLINE – ...«5», ...«0», ...⟨RETURN⟩! Comme ça, Léon?

LÉON – Exactement. Et pour chaque réponse correcte, tu marques vingt-cinq points.

CÉLINE – Bon! Je commence!

CÉLINE – ...Youppi! Mille points! Regarde, Léon! Mon score, c'est mille points!

LÉON – Mais, c'est incroyable! C'est un score parfait!

CÉLINE – Mais certainement, Léon! J'ai un talent naturel!

7

# les nombres

| 100 | cent | 1000 | mille |
| 101 | cent un | 1001 | mille un |
| 200 | deux cents | 2000 | deux mille |
| 201 | deux cent un | | |

# vocabulaire

### masculin

| | |
|---|---|
| un expert | *expert* |
| un jeu (des jeu<u>x</u>) | *game* |
| un score | *score* |
| un talent | *talent* |
| le temps | *time* |
| un tour | *turn* |

### verbes

| | |
|---|---|
| presser (sur) | *to press* |
| taper | *to type; to enter (on a computer)* |

### adjectifs

| | |
|---|---|
| correct, correcte | *correct, right* |
| naturel, naturelle | *natural* |
| parfait, parfaite | *perfect* |

### adverbes

| | |
|---|---|
| assez | *enough; quite; rather* |
| certainement | *certainly, of course* |
| exactement | *exactly, that's right* |
| maintenant | *now* |
| trop | *too; too much; too many* |

### expressions

| | |
|---|---|
| comme ça? | *like this? like that?* |
| faire une partie | *to play a game* |

# je comprends!

### *vrai* ou *faux?*

1. Léon fait une partie de *Champion*.
2. C'est un jeu de géographie.
3. Léon gagne tout le temps.
4. Pour Léon, le jeu est difficile.
5. Céline parle trop.
6. Léon marque six cents points.

### à compléter...

1. Maintenant, Céline fait une ... .
2. Elle répond à la première ... .
3. Pour chaque réponse correcte elle marque ... .
4. Son score, c'est ... .
5. C'est un score ... .
6. Céline a un talent ... .

# entre nous

1. Est-ce que tu aimes les ordinateurs? Pourquoi?
2. Est-ce qu'il y a un ordinateur à ton école? chez toi?
3. Qu'est-ce que tu aimes mieux, les jeux d'ordinateur ou les sports?
4. Quel est ton jeu favori?
5. Qu'est-ce que tu aimes mieux, *Monopoly*, *Scrabble* ou les jeux de cartes?

# j'observe!

## les adverbes

| avec un verbe | avec un adjectif | avec un autre adverbe |
|---|---|---|
| Nous achetons beaucoup. | Je suis assez occupé. | Tu joues très bien. |
| Il fait ça correctement. | C'est parfaitement correct. | Elle parle trop rapidement. |

D'habitude, on place un adverbe après le verbe.

| | | |
|---|---|---|
| assez | encore | souvent |
| aussi | enfin | toujours |
| beaucoup | en retard | très |
| bien | loin | trop |
| bientôt | maintenant | vite |

J'y vais aussi!
Il est toujours fauché!
Tu ne réfléchis pas assez!
Ils n'habitent pas loin.
J'arrive bientôt!
Nous finissons enfin!

## les adverbes en -ment

| les adjectifs | | les adverbes |
|---|---|---|
| **masculin** | **féminin** | |
| facile | facile ⟶ | facilement |
| rapide | rapide ⟶ | rapidement |
| correct | correcte ⟶ | correctement |
| parfait | parfaite ⟶ | parfaitement |
| heureux | heureuse ⟶ | heureusement |
| naturel | naturelle ⟶ | naturellement |
| premier | première ⟶ | premièrement |

Sophie fait des amis facilement.
Est-ce qu'il répond correctement?
Heureusement, nous n'avons pas de test demain.

### ⬢attention!

**adjectif:** vrai, vraie
**adverbe:** vraiment
Cette dispute est vraiment folle!

# mini-dialogues

## A  bravo! ●●

– Voilà! Mon score, c'est **700** points!
– **Bravo!** Maintenant, c'est mon tour!
– D'accord. Bonne chance!

1. 1000
   chouette
2. 850
   sensass
3. 2075
   youppi
4. 930
   fantastique
5. 1025
   hourra

## B  quel talent! ●●

– Qu'est-ce que **Denis** fait?
– Il fait une partie de *Micro-Quiz*.
– Est-ce qu'il gagne?
– **Mais oui!** Il gagne **toujours**.
– Quel talent!

1. Sophie
   naturellement
   facilement
2. tu
   bien sûr
   tout le temps
3. Marcel
   certainement
   souvent

## C  tu parles! ●●

– Tu n'**étudies** pas assez!
– Mais si, j'**étudie beaucoup**!
– **Tu parles!**

1. travailler
   travailler souvent
   tu plaisantes
2. réfléchir
   réfléchir tout le
     temps
   ce n'est pas vrai
3. manger
   manger trop
   tu n'as pas raison
4. écouter
   écouter toujours
   je ne suis pas
     d'accord

## D  pourquoi pas? ●●

– Alors, tu **vas au cinéma**?
– Non.
– Pourquoi pas?
– Parce que je suis **très occupé**.

1. jouer au basket-ball
   trop petit
2. finir tes devoirs
   très fatigué
3. faire du ski
   trop nerveux
4. aller au restaurant
   encore fauché

# allons-y!

## A les scores

1. ▶ *Pauline marque mille points.*
2.

3.

4.

5.

6.

7.

8.

## B les substitutions

1. Il est vraiment **sympa**.
   (intelligent, nerveux, malade, heureux)
2. Nous sommes **très** occupés.
   (trop, toujours, encore, assez)
3. Ils étudient **beaucoup**.
   (aussi, souvent, trop, enfin)
4. Elle répond **maintenant**.
   (correctement, facilement, rapidement)

## C de l'adjectif à l'adverbe!

Donne la forme correcte de l'adverbe!

1. (rapide) Elle parle … . ▶ *Elle parle rapidement.*
2. (facile) Tu marques des points … !
3. (vrai) Cette comédie est … drôle!
4. (premier) … , tu presses sur ⟨RETURN⟩.
5. (heureux) … , nous ne sommes pas en retard!
6. (parfait) Il joue … !
7. (correct) Est-ce que tu fais cet exercice … ?
8. (naturel) … , toutes ces réponses sont correctes!

## D questions personnelles

Réponds à chaque question à l'affirmative ou à la négative!

1. Est-ce que tu étudies assez?
   ▶ *Oui, j'étudie assez.*
   ou ▶ *Non, je n'étudie pas assez.*
2. Est-ce que tu parles trop?
3. Est-ce que tu joues bien au basket-ball?
4. Est-ce que tu manges beaucoup pour le dîner?
5. Est-ce que tu fais toujours tes devoirs?
6. Est-ce que tu es très grand(e)?
7. Est-ce que tu es souvent en retard?
8. Est-ce que tu réponds vite au professeur?

## E la création des phrases!

Invente des phrases avec les adverbes suivants!

| beaucoup bien toujours trop enfin vite |

1. ▶ *Il mange vite.*

2. Elle …

3. Il …

4. Elle …

5. Il …

6. Elle …

## F les réponses

Choisis la bonne réponse à chaque question!

**Quelqu'un demande:**
1. «Tu es occupé?»
2. «Ce jeu est difficile?»
3. «Tu gagnes tout le temps?»
4. «C'est un très bon score?»
5. «Maintenant, c'est mon tour. D'accord?»
6. «Alors, qu'est-ce que je fais?»

**Tu réponds:**
«Pas du tout! Je suis un expert!»
«Et comment! C'est un score parfait!»
«D'abord, tu presses sur ⟨RETURN⟩.»
«Mais oui! Je fais une partie de *Micro-Trivia*.»
«Certainement! J'ai un talent naturel!»
«C'est ça. Vas-y!»

# bon voyage!

## A  les distances

Trouve les distances. Fais des dialogues!

▶ – *À combien de kilomètres est **Victoria de Calgary**?*
  – *Victoria est à **1162** km de Calgary.*

1. Vancouver de Montréal
2. Toronto de Québec
3. Ottawa de Fredericton
4. Halifax de Regina
5. Edmonton de Winnipeg
6. St. John's de Saskatoon

### table des distances

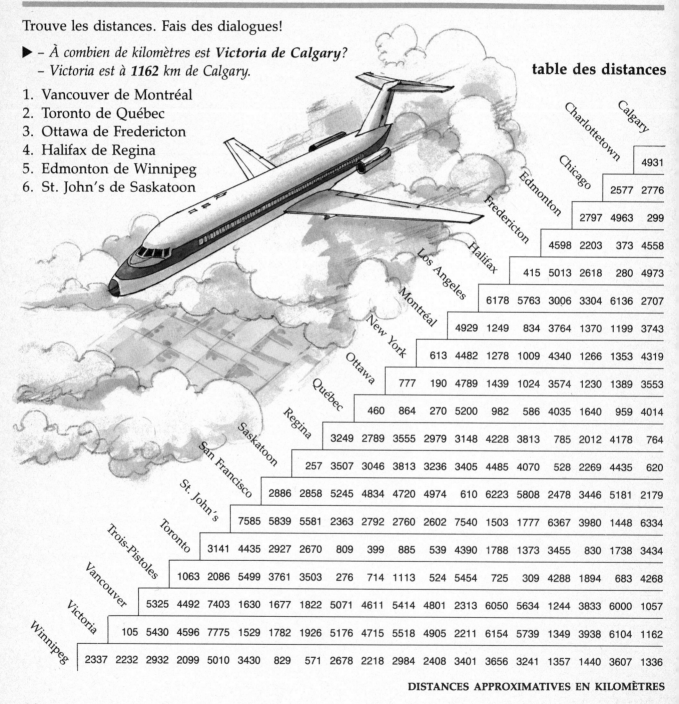

| | Calgary | Charlottetown | Chicago | Edmonton | Fredericton | Halifax | Los Angeles | Montréal | New York | Ottawa | Québec | Regina | Saskatoon | San Francisco | St. John's | Toronto | Trois-Pistoles | Vancouver | Victoria |
|---|---|---|---|---|---|---|---|---|---|---|---|---|---|---|---|---|---|---|---|
| **Charlottetown** | 4931 | | | | | | | | | | | | | | | | | | |
| **Chicago** | 2776 | 2577 | | | | | | | | | | | | | | | | | |
| **Edmonton** | 299 | 4963 | 2797 | | | | | | | | | | | | | | | | |
| **Fredericton** | 4558 | 373 | 2203 | 4598 | | | | | | | | | | | | | | | |
| **Halifax** | 4973 | 280 | 2618 | 5013 | 415 | | | | | | | | | | | | | | |
| **Los Angeles** | 2707 | 6136 | 3304 | 3006 | 5763 | 6178 | | | | | | | | | | | | | |
| **Montréal** | 3743 | 1199 | 1370 | 3764 | 834 | 1249 | 4929 | | | | | | | | | | | | |
| **New York** | 4319 | 1353 | 1266 | 4340 | 1009 | 1278 | 4482 | 613 | | | | | | | | | | | |
| **Ottawa** | 3553 | 1389 | 1230 | 3574 | 1024 | 1439 | 4789 | 190 | 777 | | | | | | | | | | |
| **Québec** | 4014 | 959 | 1640 | 4035 | 586 | 982 | 5200 | 270 | 864 | 460 | | | | | | | | | |
| **Regina** | 764 | 4178 | 2012 | 785 | 3813 | 4228 | 3148 | 2979 | 3555 | 2789 | 3249 | | | | | | | | |
| **Saskatoon** | 620 | 4435 | 2269 | 528 | 4070 | 4485 | 3405 | 3236 | 3813 | 3046 | 3507 | 257 | | | | | | | |
| **San Francisco** | 2179 | 5181 | 3446 | 2478 | 5808 | 6223 | 610 | 4974 | 4720 | 4834 | 5245 | 2858 | 2886 | | | | | | |
| **St. John's** | 6334 | 1448 | 3980 | 6367 | 1777 | 1503 | 7540 | 2602 | 2760 | 2792 | 2363 | 5581 | 5839 | 7585 | | | | | |
| **Toronto** | 3434 | 1738 | 830 | 3455 | 1373 | 1788 | 4390 | 539 | 885 | 399 | 809 | 2670 | 2927 | 4435 | 3141 | | | | |
| **Trois-Pistoles** | 4268 | 683 | 1894 | 4288 | 309 | 725 | 5454 | 524 | 1113 | 714 | 276 | 3503 | 3761 | 5499 | 2086 | 1063 | | | |
| **Vancouver** | 1057 | 6000 | 3833 | 1244 | 5634 | 6050 | 2313 | 4801 | 5414 | 4611 | 5071 | 1822 | 1677 | 1630 | 7403 | 4492 | 5325 | | |
| **Victoria** | 1162 | 6104 | 3938 | 1349 | 5739 | 6154 | 2211 | 4905 | 5518 | 4715 | 5176 | 1926 | 1782 | 1529 | 7775 | 4596 | 5430 | 105 | |
| **Winnipeg** | 1336 | 3607 | 1440 | 1357 | 3241 | 3656 | 3401 | 2408 | 2984 | 2218 | 2678 | 571 | 829 | 3430 | 5010 | 2099 | 2932 | 2232 | 2337 |

**DISTANCES APPROXIMATIVES EN KILOMÈTRES**

## B le coin des opinions

Est-ce que tu es d'accord?
Est-ce que tu n'es pas d'accord? Pourquoi?

1. Les garçons parlent trop.
2. Les filles n'écoutent pas assez.
3. Les élèves étudient beaucoup.
4. Les élèves répondent toujours correctement.
5. Les élèves ne font jamais leurs devoirs.
6. Les classes sont toujours intéressantes.
7. Toutes les matières sont ennuyeuses.
8. Le français est très difficile.
9. Les profs sont souvent en retard.
10. Les profs ont toujours raison.

## C savoir-lire

| français | anglais |
|---|---|
| parfaite<u>ment</u> ——→ | perfect<u>ly</u> |
| certaine<u>ment</u> ——→ | certain<u>ly</u> |
| correcte<u>ment</u> ——→ | correct<u>ly</u> |

Devine les mots en caractères gras!

1. **Normalement**, je vais à l'école à pied.
2. Il pleut **rarement** dans le désert.
3. **Généralement**, je n'aime pas les films d'horreur.
4. Après les classes, Céline rentre **directement** chez elle.
5. Son père est fâché, alors Léon range sa chambre **immédiatement**.
6. Ses idées sont **absolument** folles!

## D toi et moi!

**c'est ton tour!**

Tu fais une partie de *Génie*. Ton ami(e) pose beaucoup de questions.
Après, changez de rôles!

– … ?
– Je fais une partie de *Génie*.
– … ?
– D'accord. Mais une partie seulement!
– … ?
– D'abord, tu presses sur ⟨RETURN⟩ et le jeu commence.
– … ?
– Tu réponds aux questions.
– … ?
– La première réponse est vingt-cinq, alors tu tapes «2», «5», et ⟨RETURN⟩.
– … ?
– Exactement!

# TRIVIALISONS!

Choisis A, B ou C!

1. La langue française a ses origines dans…
   A l'anglais   B le grec   C le latin

2. L'unité monétaire en France, c'est…
   A le dollar   B le franc   C le mark

3. Le français n'est pas une langue officielle…
   A en Italie   B au Canada   C en Suisse

4. Le drapeau français est…
   A blanc, rouge et vert
   B bleu, blanc et rouge
   C rouge et blanc

5. La fête nationale française, c'est…
   A le 1er juillet   B le 4 juillet   C le 14 juillet

6. Le Panthéon, l'Arc de Triomphe et la tour Eiffel sont…
   A des magasins parisiens
   B des aéroports parisiens
   C des monuments parisiens

7. *Le Tour de France* est une course…
   A de bicyclettes   B de motos   C d'autos

8. *Astérix le Gaulois* est…
   A le héros d'une bande dessinée
   B le président de la France
   C un chanteur d'opéra

9. La Sorbonne, McGill et Laval sont…
   A des hôtels   B des universités
   C des explorateurs

10. *Pas de deux*, *plié* et *arabesque* sont des termes…
    A de football   B de mathématiques
    C de ballet

11. Peugeot, Citroën, Renault et Simca sont…
    A des acteurs français
    B des villes françaises
    C des voitures françaises

12. Tu trouves les termes *hors-d'oeuvre*, *entrées* et *potages* sur…
    A une carte routière   B un menu
    C une porte

13. Tu achètes des croissants et des baguettes…
    A à la boulangerie   B à la pharmacie
    C au bureau de poste

14. Dior, Saint-Laurent et Givenchy sont…
    A des fleuves   B des couturiers
    C des compositeurs de musique

15. Le détective dans les livres d'Agatha Christie s'appelle…
    A Charles Chan   B l'inspecteur Clouseau
    C Hercule Poirot

16. Si tu commandes un filet mignon, tu es…
    A au cinéma   B au restaurant
    C au magasin de sports

**17.** Orly, Charles de Gaulle et Mirabel sont…

   **A** des aéroports   **B** des parfums
   **C** des groupes rock

**18.** *Un francophone* est…

   **A** un téléphone français
   **B** un millionaire français
   **C** une personne de langue française

**19.** Gaétan Boucher, Sylvie Bernier et Maurice Richard sont…

   **A** des musiciens français
   **B** des acteurs suisses
   **C** des athlètes canadiens

**20.** Le premier astronaute canadien s'appelle…

   **A** Pierre Trudeau
   **B** Marc Garneau
   **C** Robert Goulet

**Quels sont tes résultats?**

Compte un point pour chaque réponse correcte.

**de 17 à 20 points:** Bravo! Tu es un génie!
**de 11 à 16 points:** C'est très bien!
 **de 6 à 10 points:** Tu es fatigué(e) aujourd'hui?
 **de 0 à 5 points:** Quel désastre!

## petit vocabulaire

| | |
|---|---|
| une carte routière | *road map* |
| un chanteur | *singer* |
| une course | *race* |
| un couturier | *fashion designer* |
| un drapeau | *flag* |
| une fête | *holiday* |
| grec | *Greek* |
| une langue | *language* |
| le parfum | *perfume* |
| suisse | *Swiss* |
| la Suisse | *Switzerland* |
| l'unité monétaire | *currency* |

## Bienvenue au QUÉBEC!

Montréal: le centre-ville.

Je m'appelle Pierre Dubois. Je suis canadien. Au Canada, il y a deux langues officielles: l'anglais et le français. Chez nous, un quart de la population parle français.

Moi, j'habite la ville de Québec, la capitale de «la belle province». Le Québec est la plus grande des dix provinces canadiennes.

Au Québec, Montréal est la plus grande ville, mais Québec est la plus vieille. Dans ma ville, tout le monde parle français!

OCÉAN ATLANTIQUE

LE CANADA

LE QUÉBEC

LES ÉTATS-UNIS

Québec

HAÏTI

LA MER DES CARAÏBES

LA MARTINIQUE

N

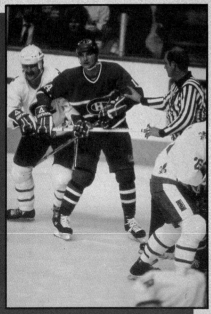

Les Nordiques v. les Canadiens.

Le Château Frontenac.

Le fleuve Saint-Laurent.

Vive l'hiver!

Bonhomme Carnaval.

Mon pays, c'est l'hiver...

# je me souviens!

## l'adjectif *tout*

|  | **singulier** | **pluriel** |
|---|---|---|
| **masculin** | tout l'exercice | tous les exercices |
| **féminin** | toute la classe | toutes les classes |

## l'adjectif *ce*

|  | **singulier** | **pluriel** |
|---|---|---|
| **masculin** | ce parapluie | ces parapluies |
|  | cet ordinateur | ces ordinateurs |
|  | cet hôtel | ces hôtels |
| **féminin** | cette copine | ces copines |
|  | cette équipe | ces équipes |
|  | cette heure | ces heures |

## A *tout* ou *ce*?

Quel adjectif? Quelle forme?

1. Il travaille ... le temps.
2. Tu gagnes ... les parties!
3. ... jeu est idiot!
4. Vous faites un voyage ... hiver?
5. Je joue au soccer ... les jours.
6. ... la classe va à Québec.
7. ... ses scores sont fantastiques!
8. ... photo est très drôle!
9. J'aime beaucoup ... journaux.
10. Comment s'appelle ... annonceur?

## B les combinaisons

1. ... disputes sont folles!
   ▶ *Toutes ces disputes sont folles!*
2. ... argent est pour toi.
3. ... famille parle français.
4. ... films sont disponibles.
5. J'étudie ... matières.
6. ... experts sont d'accord.
7. Je travaille ... semaine.
8. ... parties sont difficiles!
9. Tu réponds à ... lettres?
10. Tu finis ... exercice?

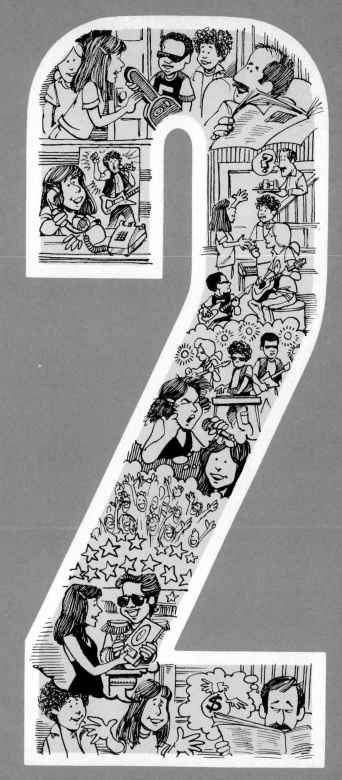

- expressions of quantity
- the verb *prendre*

**COMMUNICATION**

- making plans to do something

**SITUATION**

- talking about forming a rock group

21

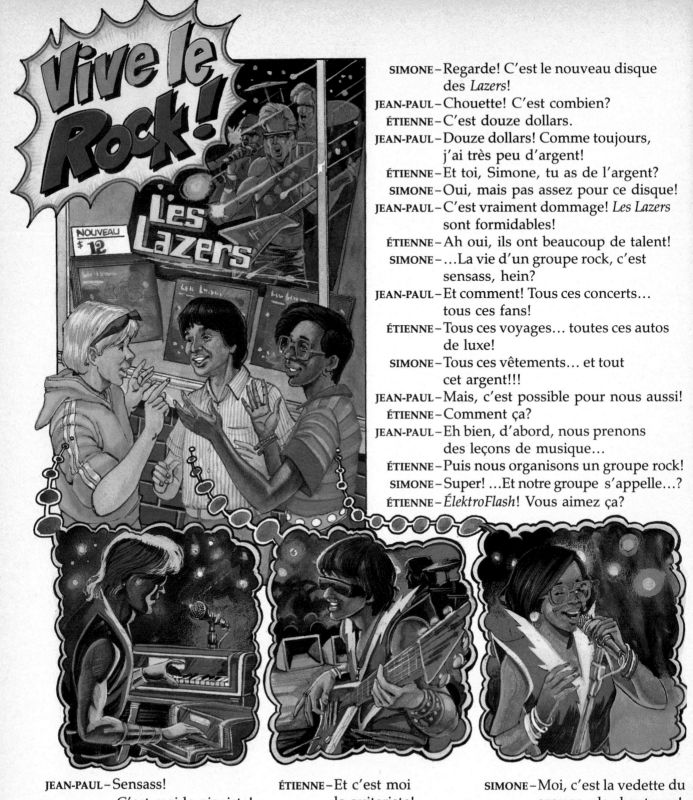

**Vive le Rock!**

NOUVEAU $12

Les Lazers

SIMONE – Regarde! C'est le nouveau disque des *Lazers*!

JEAN-PAUL – Chouette! C'est combien?

ÉTIENNE – C'est douze dollars.

JEAN-PAUL – Douze dollars! Comme toujours, j'ai très peu d'argent!

ÉTIENNE – Et toi, Simone, tu as de l'argent?

SIMONE – Oui, mais pas assez pour ce disque!

JEAN-PAUL – C'est vraiment dommage! *Les Lazers* sont formidables!

ÉTIENNE – Ah oui, ils ont beaucoup de talent!

SIMONE – …La vie d'un groupe rock, c'est sensass, hein?

JEAN-PAUL – Et comment! Tous ces concerts… tous ces fans!

ÉTIENNE – Tous ces voyages… toutes ces autos de luxe!

SIMONE – Tous ces vêtements… et tout cet argent!!!

JEAN-PAUL – Mais, c'est possible pour nous aussi!

ÉTIENNE – Comment ça?

JEAN-PAUL – Eh bien, d'abord, nous prenons des leçons de musique…

ÉTIENNE – Puis nous organisons un groupe rock!

SIMONE – Super! …Et notre groupe s'appelle…?

ÉTIENNE – *ÉlektroFlash*! Vous aimez ça?

JEAN-PAUL – Sensass! …C'est moi le pianiste!

ÉTIENNE – Et c'est moi le guitariste!

SIMONE – Moi, c'est la vedette du groupe, la chanteuse!

ÉTIENNE – Bonne idée! Toi, tu chantes très bien!
JEAN-PAUL – Alors, demain nous commençons
nos leçons de musique.

ELEKTROFLASH

SIMONE – Combien de leçons avant notre
premier concert, Jean-Paul?
JEAN-PAUL – Sept ou huit seulement. La musique,
c'est facile!

# les quantités

une boîte de céréales

un litre de lait

une boîte de tomates

un kilo de viande

un sac d'oignons

# vocabulaire

## masculin

| | |
|---|---|
| un chanteur | singer |
| un fan | fan |
| un groupe (rock) | (rock) group |
| un guitariste | guitarist, guitar player |
| un kilo(gramme) | kilo(gram) |
| un litre | litre |
| un pianiste | pianist, piano player |
| un sac | bag |
| des vêtements | clothes |

## féminin

| | |
|---|---|
| une boîte | box; can |
| une chanteuse | singer |
| une guitariste | guitarist, guitar player |
| une leçon | lesson |
| une pianiste | pianist, piano player |
| une vedette | star (refers to both males and females) |

## verbes

| | |
|---|---|
| chanter | to sing |
| organiser | to organize |
| prendre | to take |

## adjectif

| | |
|---|---|
| super | great, super, fabulous |

## adverbe

| | |
|---|---|
| peu (de) | little; few |

## expressions

| | |
|---|---|
| comment ça? | how's that? what do you mean? |
| hein? | eh? |

# je comprends!

## A  *vrai* ou *faux?*

1. Le nouveau disque des *Lazers*, c'est douze dollars.
2. Jean-Paul a très peu d'argent.
3. *Les Lazers* n'ont pas de talent.
4. La vie d'un groupe rock est ennuyeuse.
5. Les trois copains organisent un groupe rock.

## B  à compléter...

1. Le groupe des trois copains s'appelle … .
2. Le pianiste, c'est … .
3. Le guitariste, c'est … .
4. La chanteuse, c'est … .
5. Demain les copains commencent leurs … .

# entre nous

1. Comment s'appelle ton groupe rock favori?
2. Qui est ton chanteur favori? ta chanteuse favorite?
3. Nomme un(e) pianiste formidable. Nomme un(e) guitariste formidable.
4. Est-ce que tu prends des leçons de musique? Tu prends d'autres leçons?
5. Est-ce que tu as beaucoup ou peu d'argent? de vêtements? de disques? de devoirs? de talent?

# j'observe!

## les expressions de quantité

Compare:

| adverbe | expression de quantité | ⚑ rappel |
|---|---|---|
| C'est assez.———→ | J'ai assez d'argent. | Elle n'a pas assez d'argent. |
| Il parle beaucoup.———→ | Il marque beaucoup de points. | Il n'y a pas beaucoup d'eau dans la piscine. |
| C'est combien?———→ | Il a combien de frères? | Je ne mange pas trop de bonbons! |
| Nous travaillons peu.———→ | Nous faisons peu de voyages. | |
| Vous mangez trop.———→ | Vous mangez trop de biscuits. | |

## d'autres expressions de quantité

Il achète un kilo de bananes.
C'est combien, un litre de glace?

Le sac de bonbons est sur le comptoir.
La boîte de céréales est sur la table.

```
        (1)              (2)      (3)  ⟩  (1)      (2)     (3)
expression de quantité + de (d') + nom ⟩ beaucoup de photos
```

## le verbe *prendre* (to take)

| | |
|---|---|
| je prends* | nous prenons |
| tu prends | vous prenez |
| il prend | ils prennent |
| elle prend | elles prennent |

*\* I take, I am taking*

– Pourquoi est-ce que tu prends le stylo de Jacques?
– Parce que je n'ai pas de stylo!
– Qu'est-ce que tu prends sur ta pizza?
– Je prends du fromage et des champignons.
– Est-ce qu'elle prend des leçons de guitare?
– Non, elle prend des leçons de piano.

– Vous prenez l'autobus au cinéma?
– Non, nous prenons le métro.
– Ils prennent la Pontiac rouge?
– Non, ils prennent la Pontiac verte.
– De qui est-ce que tu prends des photos?
– Je prends des photos de mes amis.

# mini-dialogues

## A les leçons

– Où est-ce qu'**il** va?
– Chez **M. Chartrand**.
– Pourquoi?
– Il prend des leçons de **musique**.

1. elle
   Mlle Cormier
   guitare

2. il
   M. Lapierre
   piano

3. ils
   M. Bertrand
   dessin

4. elles
   Mlle Chenier
   tennis

5. tu
   Mme Cloutier
   français

6. vous
   M. Grenier
   karaté

## B à l'épicerie

– Alors, un kilo de **viande**, un litre de **lait** et un sac d'**oignons** … C'est tout?
– Non, une minute — je prends aussi une boîte de **chocolats**.

1. fromage/glace/bonbons
   céréales

2. rosbif/coca/pommes de terre
   tomates

3. poulet/jus/frites
   soupe

## C ah, zut!

– Il y a assez de **champignons** pour **la pizza**?
– Oui, il y a beaucoup de champignons, mais très peu de **fromage**.
– Ah, zut!

1. rosbif
   les sandwichs
   pain

2. oignons
   la salade
   laitue

3. glace
   le dessert
   gâteau

4. jus
   le petit déjeuner
   lait

5. ketchup
   les hamburgers
   moutarde

6. poulet
   le dîner
   frites

# allons-y!

## A   on y va!

Fais des phrases avec le verbe *prendre*!

1. Je … . ▶ *Je prends le train.*

2. Est-ce que tu … ?

3. Nous … .

4. Les élèves … .

5. M. Renaud … .

6. Est-ce que vous … ?

7. *Les Lazers* … .

8. Mlle Gallant … .

9. Jean-Marc et Josette … .

10. Je … .

## B   au supermarché

Qu'est-ce que M. Dubois achète?
▶ *Il achète un sac de biscuits.*

## C   les substitutions

1. **Je** prends des leçons de musique.
   (nous, Georges, les élèves, Colette)
2. Cette vedette a beaucoup de **voitures**.
   (vêtements, fans, argent, amis)
3. Est-ce que **Simone** chante bien?
   (tu, *Les Lazers*, vous, elles)

4. J'ai **assez** de devoirs.
   (peu, trop, beaucoup)
5. Il y a combien de **bonbons**?
   (lait, journaux, pain, enfants)
6. Il achète un kilo de **fromage**.
   (bananes, viande, oignons, champignons)

28

## D les descriptions

Choisis la bonne expression, puis invente des phrases!

1. peu ou beaucoup?
   ▶ *Il y a peu de chocolats dans la boîte.*

2. assez ou pas assez?

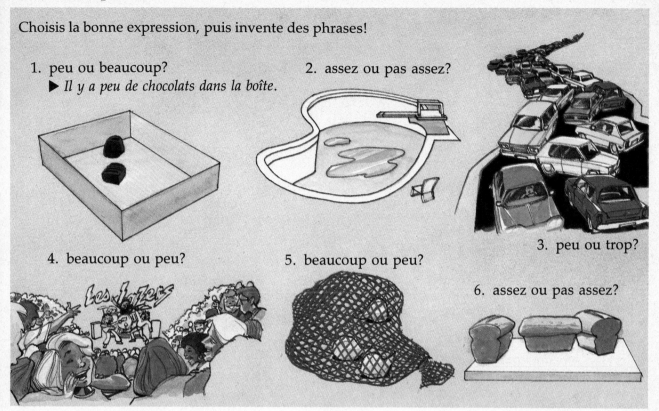

3. peu ou trop?

4. beaucoup ou peu?

5. beaucoup ou peu?

6. assez ou pas assez?

## E voilà la question!

Pose une question pour chaque réponse.
Utilise une expression de la liste!

> combien de   est-ce que   quand   qu'est-ce que   qui   pourquoi

1. <u>Simone</u> est la chanteuse du groupe. ▶ *Qui est la chanteuse du groupe?*
2. <u>Non</u>, je n'ai pas assez d'argent pour ce disque.
3. Je prends <u>du fromage, du pepperoni et des champignons</u> sur la pizza.
4. <u>Oui</u>, *Les Lazers* ont beaucoup de talent!
5. Nous commençons des leçons de musique <u>demain</u>.
6. <u>Les Dubé</u> prennent le train.
7. Il y a <u>douze</u> bananes dans le sac.
8. Je ne vais pas au cinéma <u>parce que je suis trop occupé</u>!

29

# bon voyage!

## A  la fête des phrases!

Fais des phrases logiques!

J'ai
Les professeurs donnent
J'achète
*Les Lazers* ont
Je mange
À la télé, il y a
Je fais
Je prends
J'organise

beaucoup
assez
peu
trop

de tests
de vêtements
d'argent
de partys
de bonbons
de voyages
de photos
de devoirs
de fans
de comédies
d'amis
de talent

## B  les instruments de musique

1. un piano ▶ *Jean-Paul prend des leçons de piano.*  2. un violon  3. un saxophone  4. un tuba

6.  une clarinette

5.  une guitare          7.  une trompette     8.  un orgue     9.  une flûte

## C les quantités

Donne une bonne expression de quantité!

1. café ▶ *une tasse de café*
2. céréales
3. patins
4. pizza
5. pommes de terre
6. fromage
7. jus
8. pepperoni
9. jeans
10. chocolat
11. ketchup
12. oranges

une tasse de thé

un panier de pommes

un morceau de gâteau

un verre d'eau

une paire de souliers

une douzaine d'oeufs

une barre de savon

une tranche de pain

un bol de soupe

une bouteille de coca

## D savoir-lire

| français | | anglais |
|----------|---|---------|
| guitariste | ⟶ | *guitarist* |
| pianiste | ⟶ | *pianist* |
| dentiste | ⟶ | *dentist* |

Devine les mots en caractères gras!

1. En été, il y a beaucoup de **touristes** à Paris.
2. M. Giraud est **journaliste** à Montréal.
3. Il y a beaucoup de **cyclistes** au Canada.
4. Un **botaniste** étudie les plantes et les fleurs.
5. Ce **violoniste** joue très bien.
6. Elle ne fait jamais d'erreurs. C'est une **perfectionniste**!

## E toi et moi!

**vive la musique!**

Tu organises un groupe rock avec des amis.
Un copain (une copine) pose des questions.
Après, changez de rôles!

– Alors, tu organises un groupe rock?
– ...
– Avec qui?
– ...
– C'est qui le guitariste?
– ...
– Et le pianiste?
– ...
– Il y a un chanteur (une chanteuse)?
– ...
– Et comment s'appelle le groupe?
– ...
– J'aime ça! Bonne chance!

31

# Le Coin des Copains

Es-tu un bon ami/une bonne amie?
Choisis A, B ou C!

1. Quand mon ami(e) demande de l'argent,...
   A je réponds: «Tu es fou! Je ne suis pas une banque, moi!»
   B je réponds: «Bien sûr! Combien?»
   C je réponds: «Je regrette, mais non!»

2. Quand mon ami(e) est en retard,...
   A je n'attends pas.
   B je dis: «Ça va. Il n'y a pas de problème.»
   C je suis fâché(e).

3. Quand mon ami(e) renverse du ketchup sur mes jeans,...
   A je renverse du ketchup sur ses jeans.
   B je dis: «Ce n'est pas sérieux. Ces jeans sont lavables.»
   C je dis: «Fais attention!»

4. Quand mon ami(e) a besoin d'aide avec ses devoirs,...
   A je refuse.
   B je dis: «Certainement!»
   C je dis: «Je regrette, mais je n'ai pas le temps.»

5. Quand mon ami(e) ne retourne pas mes cassettes tout de suite,...
   A je téléphone à la police.
   B je ne dis rien.
   C je téléphone et je demande mes cassettes.

6. Quand mon ami(e) est malade pendant une semaine,...
   A je cherche un(e) autre ami(e).
   B j'apporte un petit cadeau à mon ami(e).
   C je téléphone à mon ami(e).

7. Quand mon ami(e) gagne un match contre moi,...
   A je refuse de parler.
   B je complimente mon ami(e).
   C je dis: «Tu as de la chance aujourd'hui!»

8. Quand mon ami(e) tombe de sa bicyclette,…

   A je dis: «Prends des leçons, imbécile!»
   B j'aide mon ami(e).
   C je suis impatient(e).

9. Quand mon ami(e) porte de nouveaux vêtements,…

   A je dis: «Ce n'est pas l'Hallowe'en!»
   B je dis: «Tu as bon goût!»
   C je ne dis rien.

10. Quand mon ami(e) a un problème personnel,…

   A je mets mon Walkman.
   B j'écoute son problème.
   C je dis: «Dommage, mais c'est la vie!»

**Quels sont tes résultats?**

| A = 0 point |
| B = 2 points |
| C = 1 point |

**de 0 à 10 points:** Tu habites dans une caverne ou sur une île déserte?
**de 11 à 13 points:** Tu as des progrès à faire!
**de 14 à 17 points:** Bravo! Tu es vraiment sympa!
**de 18 à 20 points:** Quelle patience! Quelle générosité! Quels mensonges!

## petit vocabulaire

| | |
|---|---|
| aider | *to help* |
| apporter | *to bring* |
| avoir besoin de | *to need* |
| avoir bon goût | *to have good taste* |
| fais attention! | *be careful!* |
| une île | *island* |
| je dis | *I say* |
| je mets | *I put on* |
| lavable | *washable* |
| un mensonge | *lie* |
| renverser | *to spill* |

Le Tour de France.

## Bienvenue en FRANCE!

Je m'appelle Arianne Dupont et je suis française. La France est le plus grand pays d'Europe.

Ma ville, c'est Paris — la «Ville-Lumière». Paris est la capitale de la France et la plus grande ville française au monde.

Moi, j'habite près de la tour Eiffel sur la Rive Gauche de la Seine. Ce fleuve magnifique divise Paris en deux parties: la Rive Droite et la Rive Gauche. Nous, les Parisiens, nous sommes très fiers de notre belle ville!

OCÉAN ATLANTIQUE
L'EUROPE
LA BELGIQUE
LA SUISSE
LA FRANCE
Paris
LE MAROC
LE SÉNÉGAL
L'AFRIQUE

Les raisins de Bordeaux.

La tour Eiffel.

L'Arc de Triomphe.

Un marché en plein air.

Le musée du Louvre.

La place de l'Opéra.

# je me souviens!

## les questions

### l'intonation

C'est une Porsche? /
Tu y vas bientôt? /
Il chante bien? /

### est-ce que (qu')

Est-ce que c'est une Porsche?
Est-ce que tu y vas bientôt?
Est-ce qu'il chante bien?

## les transformations

Pose des questions avec *est-ce que (qu')*!

1. C'est son nouveau disque?
2. Tu prends des leçons de tennis?
3. Ils vont au restaurant?
4. Vous organisez un groupe rock?
5. Elles arrivent demain?

6. Tu finis tout l'exercice?
7. Il répond au téléphone?
8. Elle choisit la Corvette bleue?
9. Vous faites souvent des voyages?
10. Ils prennent beaucoup de photos?

## les expressions interrogatives

Est-ce que tu aimes la musique rock? &rarr; Oui, j'aime ça./Non, je n'aime pas ça.
Est-ce que tu ne vas pas au match? &rarr; Si, j'y vais!
Qui chante bien? &rarr; Ma soeur.
Qu'est-ce que vous faites? &rarr; Nous organisons une party.
Où est-ce qu'elle dîne? &rarr; Chez Marianne.
Quand est-ce que tu arrives? &rarr; Vendredi.
À quelle heure est-ce que tu y vas? &rarr; Vers huit heures.
Il a combien de billets? &rarr; Il a trois billets.
Pourquoi est-ce qu'elle est triste? &rarr; Parce qu'elle n'a pas de billet pour le concert.
Comment est-ce que vous y allez? &rarr; Nous prenons l'avion.

## la bonne question, s'il te plaît!

Pose une question pour chaque réponse!

1. Oui, je prends des leçons de guitare.
2. Le concert est au stade.
3. Il achète cinq bananes.
4. Nous y allons en métro.
5. La directrice parle.
6. J'y vais après les classes.

7. Mais si, j'aime leur musique!
8. Je ne joue pas au hockey parce que je déteste les sports!
9. Les classes finissent à trois heures et demie.
10. J'écoute mon nouveau disque.

37

# quel homme!

**MIMI** – Bonsoir, tout le monde! Ici Mimi Marceau pour l'émission *Les vedettes parlent*. Ce soir, nous parlons avec l'acteur Pierre Laroche.

**MIMI** – Allô! Vous êtes là, Pierre?

**PIERRE** – Oui, oui, Mimi! Comment allez-vous?

**MIMI** – Très bien, Pierre, merci. Ce soir nous montrons des scènes de votre film, *Un Homme contre King Kong*.

**PIERRE** – Ah bon! Aimez-vous ça?

**MIMI** – Et comment! J'adore les films d'action!

**MIMI** – …Et dans ce film, c'est qui le cascadeur?

**PIERRE** – Mais c'est moi! Je n'ai pas besoin de cascadeur!

**MIMI** – C'est vous?! Mais comment faites-vous tout ça?

**PIERRE** – C'est facile, Mimi… j'ai un talent naturel!

**MIMI** – Mais c'est dangereux! N'avez-vous pas peur?

**PIERRE** – Jamais! J'adore ça!

**MIMI** – Alors, c'est vous dans l'avion?

**PIERRE** – Bien sûr! Et dans cette scène je tombe de cent mètres!

MIMI – …Oh là là! Maintenant King Kong
est dans la rue. Ce gorille mécanique
est fantastique!

PIERRE – Quel gorille mécanique? Ça, c'est
un vrai gorille!

MIMI – Incroyable! Alors, il a un vrai camion
à la main?

PIERRE – Oui, oui!

MIMI – Et lance-t-il une vraie voiture?

PIERRE – Exactement!

MIMI – …Et voilà! Vous gagnez contre
King Kong!

PIERRE – Mais naturellement!

MIMI – Quel homme! Quel talent! Quel…

PIERRE – Ah, Mimi, ce n'est rien!

MIMI – …À propos, jouez-vous bientôt dans
un autre film?

PIERRE – Oui, mais d'abord je prends deux
semaines de vacances.

MIMI – Et le nouveau film, Pierre, comment
s'appelle-t-il?

PIERRE – Ah! Cette fois, c'est un *vrai* film d'action:
*Un Homme contre Godzilla!*

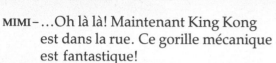

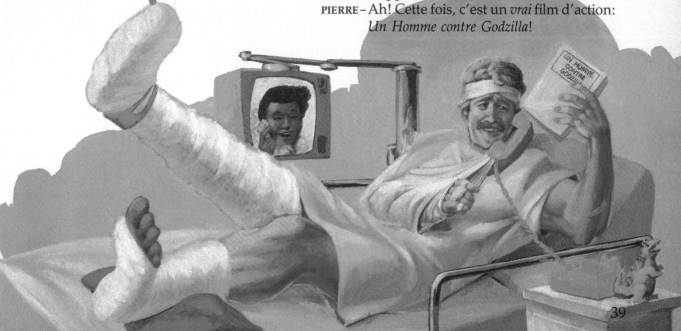

# les expressions avec *avoir*

Elle a treize ans.

Il a faim.

Elle a soif.

Ils ont chaud.

Elles ont froid.

Ils ont de la chance.

Elle a raison.      Il a tort.

Ils ont peur.

Elle a besoin
d'argent.

Il a besoin de skis.

# vocabulaire

## masculin

| | |
|---|---|
| un acteur | *actor* |
| un cascadeur | *stuntman* |
| un film d'action | *action film* |
| un gorille | *gorilla* |
| un homme | *man* |
| un mètre | *metre* |

## féminin

| | |
|---|---|
| une actrice | *actress* |
| une cascadeuse | *stuntwoman* |
| une fois | *time* |
| une scène | *scene* |
| des vacances | *holidays; vacation* |

## verbes

| | |
|---|---|
| lancer | *to throw* |

## adjectifs

| | |
|---|---|
| dangereux, dangereuse | *dangerous* |
| mécanique | *mechanical* |
| quel*, quelle | *which; what* |
| vrai*, vraie | *real* |

* précède le nom

## expressions

| | |
|---|---|
| à la main | *in his/her hand* |
| à propos | *by the way* |
| avoir besoin (de) | *to need* |
| avoir chaud | *to be hot, warm* |
| avoir froid | *to be cold* |
| avoir peur (de) | *to be afraid (of)* |
| avoir tort | *to be wrong* |
| comment allez-vous?/ comment vas-tu? | *how are you?* |

# je comprends!

## *vrai* ou *faux*?

1. Pierre Laroche est chanteur.
2. Mimi montre des scènes d'un film.
3. C'est un film romantique.
4. Pierre n'a pas besoin de cascadeur.
5. Il a très peur dans le film.
6. Dans le film, il y a un gorille mécanique.

## questions

1. Comment s'appelle le film de Pierre Laroche?
2. Dans ce film, combien de mètres est-ce que Pierre tombe?
3. Qu'est-ce que King Kong a à la main?
4. Que lance-t-il?
5. Qu'est-ce que Pierre fait avant son nouveau film?
6. Comment s'appelle le nouveau film de Pierre?

# entre nous

1. Qui est ton acteur favori? ton actrice favorite?
2. Quel est ton film favori?
3. Aimes-tu les films d'action? Pourquoi?
4. As-tu peur des insectes? des gorilles? des professeurs?
5. Quand as-tu faim? chaud? froid?
6. Quand as-tu besoin d'argent?

# j'observe!

## l'adjectif *quel* (which; what)

|  | masculin |  | féminin |  |
|---|---|---|---|---|
| **singulier** | **pluriel** | **singulier** | **pluriel** |

| masculin | | féminin | |
|---|---|---|---|
| **singulier** | **pluriel** | **singulier** | **pluriel** |
| Quel jour est-ce? | Quels disques achètes-tu? | Quelle heure est-il? | Quelles scènes montre-t-elle? |
| Quel homme parle? | Quels amis invites-tu? | Quelle actrice joue dans ce film? | Quelles copines y vont? |

## les questions

Compare:

| **l'intonation** | **est-ce que** | **l'inversion** |
|---|---|---|
| Vous jouez au soccer? ╱ | Est-ce que vous jouez au soccer? | Jouez-vous au soccer? |

Compare:

| **est-ce que** | **l'inversion** |
|---|---|
| Qui est-ce qu'elle attend? | Qui attend-elle? |
| À qui est-ce que tu parles? | À qui parles-tu? |
| Avec qui est-ce qu'elle arrive? | Avec qui arrive-t-elle? |
| Où est-ce qu'il va? | Où va-t-il? |
| Quand est-ce qu'ils rentrent? | Quand rentrent-ils? |
| Qu'est-ce que vous choisissez? | Que choisissez-vous? |
| Est-ce que c'est un bon film? | Est-ce un bon film? |
| Est-ce qu'il prend l'autobus? | Prend-il l'autobus? |
| Comment est-ce que nous commençons? | Comment commençons-nous? |
| Pourquoi est-ce qu'elle a peur? | Pourquoi a-t-elle peur? |

D'habitude, il n'y a pas d'inversion avec le pronom *je*.

Je commence tout de suite?
Est-ce que je commence tout de suite?

Avec l'inversion, on place un trait d'union entre le verbe et le pronom sujet:

Allez-vous au cinéma ce soir?

Si la dernière lettre du verbe est une voyelle, on ajoute «-t-» devant les pronoms *il* et *elle*.

Où va-**t**-il?          Que regarde-**t**-elle?
A-**t**-elle un ordinateur?   Y a-**t**-il du pain sur le comptoir?

## attention à la liaison!

Prend-elle des leçons de piano?          Vendent-elles leur maison?

Finit-il ses devoirs?          Parlent-ils français?

# mini-dialogues

## A   objets perdus! ●●

– Où est **mon livre**?
– Quel livre?
– Mon livre **de français**.
– Est-il **sur la table**?
– …Ah oui! Merci beaucoup!

1. ma raquette
   de tennis
   dans ta chambre

2. mes photos
   de la classe
   sur le frigo

3. mes patins
   à roulettes
   dans le garage

4. mon guide
   sur Paris
   dans le salon

5. mes lettres
   de grand-maman
   sur le comptoir

6. ma liste
   de devoirs
   sous le sofa

## B   qui est-ce? ●●

– Qui est-ce?
– C'est **Guy Lecomte**.
– **Travaille-t-il après les classes**?
– Oui, **il travaille à la pharmacie**.

1. Monique Lesage
   rentrer chez elle
   prendre l'autobus

2. Jules Verdun
   acheter un cadeau
   choisir un livre
   français

3. Colette Dupont
   aller au stade
   avoir un match de
   soccer

4. Donald Charron
   jouer au hockey
   patiner très bien

5. Angèle Morin
   avoir des soeurs
   avoir deux soeurs

6. Adèle Boulanger
   attendre le train
   aller à Toronto

7. Marc Talon
   chanter bien
   prendre des leçons
   de musique

8. Denis Lavallée
   acheter un chandail
   acheter un chandail
   bleu

## C   on y va? ●●

– Que fais-**tu** ce soir?
– Je vais **au cinéma**.
– Y vas-tu en métro?
– Non, je prends l'autobus.

1. vous
   au stade

2. elle
   chez Marianne

3. il
   au centre d'achats

4. tu
   chez grand-papa

5. ils
   à la bibliothèque

6. elles
   au concert

# allons-y!

## A les options

Pose les questions de <u>deux</u> autres façons!

1. Aimes-tu les films d'action?
   - ▶ *Est-ce que tu aimes les films d'action?*
   - ▶ *Tu aimes les films d'action?*
2. Il finit cette scène bientôt?
3. Est-ce qu'elle tape toutes les lettres?
4. C'est un vrai gorille?
5. Parlez-vous français?
6. Est-ce qu'ils ont peur?
7. Prend-elle ses vacances en juin?
8. Organisent-ils un match de baseball?
9. Est-ce que nous commençons maintenant?
10. Il va au cinéma?

## B des détails, s'il te plaît!

Fais des dialogues!

1. ▶ – *Je fais des exercices.*
   – *Oui, mais quels exercices fais-tu?*
2. Je regarde des émissions.
3. Il invite des amis chez lui.
4. Elle écoute un disque.
5. Nous attendons des copains.
6. Je prends le train.
7. Elle achète des journaux.
8. Ils choisissent un cadeau.
9. Elles visitent des actrices.
10. J'aime les groupes rock.

## C les descriptions

Fais des phrases. Utilise des expressions avec *avoir*!

1. Il … ▶ *Il a soif.*

2. Elle …

3. Ils ….

4. Il …

5. Ils …

6. Elle …

7. Elle …

8. King Kong …

## D les substitutions

1. Est-ce que je **commence** encore?
   (gagner, choisir, répondre)
2. As-**tu** besoin d'argent?
   (vous, il, elle, ils)
3. Mangeons-**nous** bientôt?
   (elles, tu, il, vous)
4. Choisissez-**vous** la voiture rouge?
   (tu, elle, nous, ils)
5. Vend-**il** des billets?
   (vous, tu, elles, nous)
6. Es-**tu** d'ici?
   (ils, vous, elle, elles)
7. Y allez-**vous** en autobus?
   (elles, il, tu, nous)
8. Fais-**tu** tout l'exercice?
   (vous, ils, nous, elle)

## E les conversations

Voici des réponses. Quelles sont les questions?

1. «Non, ce n'est pas dangereux.»
2. «Oui, j'ai peur des gorilles.»
3. «Nous prenons des vacances cet hiver.»
4. «Nous regardons un film d'action.»
5. «Ils font de la natation.»
6. «Elle va au centre d'achats.»
7. «C'est la guitariste du groupe.»
8. «Elle est très belle.»
9. «Notre maison est blanche.»
10. «Je m'appelle Pierre Laroche.»

«Que font-ils?»
«Où va-t-elle?»
«As-tu peur des gorilles?»
«Comment vous appelez-vous?»
«Comment est-elle?»
«Est-ce dangereux?»
«Que regardez-vous?»
«Quand prenez-vous des vacances?»
«De quelle couleur est votre maison?»
«Qui est-ce?»

# bon voyage!

## A quel est le bon ordre?

Fais des questions!

1. temps/quel/il/fait/?
   ▶ *Quel temps fait-il?*
2. ce/besoin/as/livre/tu/de/?
3. soir/tu/ce/fais/que/?
4. quelle/à/il/vedette/t/parle/?
5. va/où/il/t/?

6. êtes/retard/pourquoi/en/vous/?
7. tombe/mètres/de/t/combien/il/?
8. vous/de/nouveaux/achetez/vêtements/?
9. heure/commençons/à/nous/quelle/?
10. a/il/dans/fromage/y/le/t/du/frigo/?

## B les phobies

As-tu peur…

1. des serpents?
   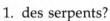
   ▶ *Oui, j'ai peur des serpents.*
   ou
   ▶ *Non, je n'ai pas peur des serpents.*

2. des fantômes?

3. des monstres?

4. des araignées?

5. des chauves-souris?

6. des éclairs?

## C questions et réponses

Regarde le dessin et pose des questions à tes copains!

## D les besoins

Où vas-tu si tu as besoin…

1. de lait? ▶ *Si j'ai besoin de lait, je vais à l'épicerie.*
2. de vêtements?
3. de shampooing?
4. de pain?
5. de patins?
6. de timbres?
7. de livres?
8. d'argent?

## E savoir-lire

| français | anglais |
|----------|---------|
| dangereux ⟶ | *dangerous* |
| délicieux ⟶ | *delicious* |
| nerveux ⟶ | *nervous* |

Devine les mots en caractères gras!

1. Ce cascadeur est très **courageux**!
2. René a peur des chats noirs. Il est **superstitieux**.
3. Cent dollars? Merci, vous êtes très **généreux**!
4. Ses parents sont **furieux** quand il rentre tard.
5. Encore des questions? Tu es trop **curieux**!
6. Elle est malade, mais ce n'est pas **sérieux**.

## F toi et moi!

### devant le micro

Tu es annonceur (annonceuse) pour la station de radio CVLF. Tu poses des questions à un acteur (une actrice) sur son nouveau film. Après, changez de rôles!

– Bonjour et bienvenue!
– Bonjour!
– … ?
– Mon nouveau film s'appelle *L'Attaque des gorilles mécaniques*.
– … ?
– Ah oui, c'est un vrai film d'action.
– … ?
– Mais c'est moi! Je n'ai pas besoin de cascadeur (cascadeuse)!
– … ?
– C'est facile. J'ai un talent naturel!
– … ?
– Non, je n'ai jamais peur! J'adore ça!
– … ?
– Je rentre à Hollywood demain.
– … !
– Il n'y a pas de quoi. Au revoir!

# perspectives

Il y a plus de 3000 langues dans le monde. Seulement 200 langues sont parlées par plus d'un million de personnes. Il y a 100 000 000 de personnes dans plus de 24 pays qui parlent français. Voici d'autres langues importantes:

l'allemand
l'anglais
l'arabe
le chinois
l'espagnol
l'italien
le japonais
le portugais
le russe

# Quatorze Ans

Dans ma chambre solitaire
Loin du monde autoritaire
J'ai forgé un bastion
Contre les sermons
De la maison.

«Fais ci! Fais ça!»
Suis-je un soldat,
Une innocente recrue?
Ce refrain constant
Est-ce l'hymne des parents,
Cette chanson bien connue?

Du jour à la nuit
La même litanie:
«Dis merci!»
«Moins de bruit!»
«Fais ton lit!»
Du soir au matin
Les ordres quotidiens:
«Lave tes mains!»
«Sors le chien!»
«Prends un bain!»

Ma musique? «Frénétique!»
Mon optique? «Fanatique!»
Mes vêtements? «Extravagants!»
Est-ce étonnant?
J'ai quatorze ans!

## petit vocabulaire

| | | | |
|---|---|---|---|
| autoritaire | *authoritative* | le monde | *world* |
| bien connue | *well-known* | une nuit | *night* |
| dis | *say* | un optique | *point of view* |
| étonnant | *surprising* | quotidien | *daily* |
| forger (j'ai forgé) | *to forge (I have forged)* | une recrue | *recruit* |
| lave tes mains | *wash your hands* | un soldat | *soldier* |
| un lit | *bed* | sors | *take out* |
| moins de bruit | *less (not so much) noise* | | |

# Bienvenue en SUISSE!

Je m'appelle André Favrod et je suis suisse. La Suisse est située entre la France, l'Allemagne, l'Italie et l'Autriche.

Il y a quatre langues officielles en Suisse: l'allemand, le français, l'italien et le romanche.

À l'école, j'étudie l'allemand et l'italien, mais le français est ma langue maternelle.

Moi, j'habite Genève, une belle grande ville sur le lac Léman.

OCÉAN ATLANTIQUE

L'EUROPE

LA BELGIQUE
LA FRANCE — LA SUISSE

Genève

LE MAROC

LE SÉNÉGAL

L'AFRIQUE

Le célèbre Matterhorn.

Le pont couvert de Lucerne.

Les gardes suisses.

Une télécabine dans les Alpes.

Un chalet traditionnel à Leysin.

# je me souviens!

| **parler** | **manger** | **commencer** | **acheter** |
|---|---|---|---|
| je parle | je mange | je commence | j'achète |
| tu parles | tu manges | tu commences | tu achètes |
| il parle | il mange | il commence | il achète |
| elle parle | elle mange | elle commence | elle achète |
| nous parlons | nous mangeons | nous commençons | nous achetons |
| vous parlez | vous mangez | vous commencez | vous achetez |
| ils parlent | ils mangent | ils commencent | ils achètent |
| elles parlent | elles mangent | elles commencent | elles achètent |

## A  quel verbe? quelle forme?

1. Mes copains (chanter/organiser) un groupe rock.
2. Nous (échanger/manger) des lettres.
3. Ces élèves sont sympa. Ils ne (lancer/écouter) rien dans la salle de classe.
4. À qui est-ce que vous (parler/demander) des directions?
5. Je (rentrer/détester) chez moi tout de suite.
6. Ils ne (manger/patiner) jamais en hiver.
7. Marielle (téléphoner/travailler) à Paulette.
8. Nous (taper/acheter) une maison.
9. Marc (aimer/visiter) beaucoup les vacances.
10. Tu (gagner/marquer) toujours tes matchs?

## B  *oui* ou *non*?

1. Achètes-tu tous tes vêtements?
   ▶ *Oui, j'achète tous mes vêtements.*
   ou
   ▶ *Non, je n'achète pas tous mes vêtements.*
2. Travailles-tu après les classes?
3. Ranges-tu ta chambre?
4. Aimes-tu les ordinateurs?
5. Regardes-tu les films d'action?
6. Collectionnes-tu les timbres?
7. Chantes-tu bien?
8. Habites-tu dans un appartement?
9. Joues-tu au tennis?
10. Manges-tu beaucoup de salades?

# QUE SAIS-JE?

## A les associations

Quelles idées vont ensemble?

| | |
|---|---|
| 1. **une boîte** | un groupe rock |
| 2. des autographes | un jeu |
| 3. un guitariste | des cascadeurs |
| 4. des vacances | des vêtements |
| 5. un score | un gorille |
| 6. un film d'action | un film |
| 7. des jeans | **des chocolats** |
| 8. King Kong | un voyage |
| 9. des scènes | du lait |
| 10. un litre | des fans |

## B l'élimination des mots!

Quel mot ne va pas?

1. guitariste, pianiste, chanteuse, cascadeuse
2. litre, leçon, kilo, sac
3. homme, garçon, gorille, copain
4. peu, trop, vrai, beaucoup
5. sensass, formidable, super, naturel
6. vedette, actrice, film, magasin

## C pardon?

1. Cet homme est beau! ▶ *Quel homme?*
2. Ce sport est dangereux!
3. Cette guitariste est super!
4. Ces acteurs ont beaucoup de talent!
5. Ces équipes gagnent toujours!
6. Ces autos sont très rapides!
7. Ces experts ont raison!
8. Cette leçon est difficile!

## D quel verbe? quelle forme?

Fais des phrases logiques!

1. Est-ce que je (chanter/presser) sur ⟨RETURN⟩?
2. Il (avoir/être) souvent tort.
3. Tu (lancer/prendre) de la moutarde dans ton hamburger?
4. (Taper/Manger)-t-elle toutes ces lettres?
5. Est-ce que vous (faire/aller) du ski cet hiver?
6. Nous (collectionner/organiser) une équipe de soccer.

## E *avoir, être, faire, aller* ou *prendre*?

1. …-ils une partie de Monopoly?
2. …-vous peur des insectes?
3. Ils … toujours besoin d'argent.
4. …-ce dangereux?
5. Comment …-vous?
6. À quelle heure …-ils l'autobus?
7. Quel temps …-il?
8. Nous ne … jamais le métro.
9. …-tu au concert ce soir?
10. Toutes ces réponses … correctes?

## F les questions

Fais des questions avec *est-ce que* et avec *l'inversion*!

1. Il a froid? ▶ *Est-ce qu'il a froid?*
   ▶ *A-t-il froid?*
2. Elle aime beaucoup les films d'action?
3. Vous travaillez tous les samedis?
4. C'est un vrai cascadeur?
5. Nous allons au cinéma ce soir?
6. Il achète une nouvelle guitare?
7. Elle prend des leçons de judo?
8. Ils finissent tout le gâteau?
9. Il va à la bibliothèque demain?
10. Elles chantent bien?

## G les adverbes

Mets chaque phrase dans le bon ordre!

1. en/il/beaucoup/neige/hiver/.
   ▶ *Il neige beaucoup en hiver.*
2. bien/tu/très/chantes/!
3. idées/vraiment/ses/folles/sont/!
4. répond/correctement/il/toujours/.
5. nous/fauchés/encore/sommes/.
6. ce/nerveux/jamais/cascadeur/n'est/.
7. il/facilement/des/marque/points/.
8. trop/vous/vite/parlez/!
9. ces/travaillent/acteurs/peu/.
10. pas/nous/assez/n'étudions/.

## H les expressions de quantité

Complète chaque phrase avec une expression de la liste!

> un litre de, un kilo de, un sac de,
> une boîte de, assez de, trop de,
> beaucoup de, peu de, combien de

1. Je déteste l'école! Il y a ... devoirs!
2. J'ai cinq dollars. C'est ... argent pour ... chocolats?
3. Mon père achète ... fromage toutes les semaines.
4. Cet acteur est formidable! Il a ... fans.
5. C'est combien ... lait et ... bonbons?
6. Notre chat mange ... sardines tous les jours!
7. Je suis toujours occupé! Je n'ai jamais ... temps!
8. ... guitaristes y a-t-il dans ce groupe rock?
9. Il ne chante pas bien. Il a très ... talent.
10. ... élèves aiment les tests!

## I questions et réponses

Choisis la bonne réponse à chaque question!

1. «Tes copains organisent un groupe rock?»
2. «Gagnes-tu tout le temps?»
3. «Chante-t-il bien?»
4. «Prends-tu des leçons de guitare?»
5. «Comment vas-tu?»
6. «Tu ne joues pas au hockey avec nous?»
7. «Où va Madeleine?»
8. «Prend-il souvent l'avion?»
9. «C'est sensass la vie d'un cascadeur, n'est-ce pas?»
10. «Tu regardes ce film encore?»

«Oui, j'ai un prof formidable!»
«Au magasin de sports. Elle a besoin de lacets pour ses patins.»
«Tu plaisantes! Il a trop peur!»
«Certainement! J'adore les films d'action!»
«Mais naturellement! Je suis un expert!»
«Comme ci, comme ça.»
«Et comment! Il a un talent naturel!»
«Non, il fait trop froid!»
«Tu es fou? C'est très dangereux!»
«C'est ça! Et c'est moi le guitariste!»

55

Mes passe-temps
par Claudette Leblanc

Moi, je n'ai jamais assez de temps
libre! J'adore faire de la photo.
C'est mon passe-temps favori!
J'aime aussi collectionner les timbres.
J'ai déjà deux albums de timbres
canadiens!
   Bien sûr, j'aime faire du sport!
Quelquefois, je fais de la natation.
J'aime aussi patiner pendant l'hiver.
Et cette année, j'espère faire du ski.
À l'école, je fais partie de l'équipe
de basket-ball.
   J'adore aussi danser! Et les
danses à mon école sont fantastiques!
Mais attention! ...Je prends toujours
des photos!

# LES PASSE-TEMPS

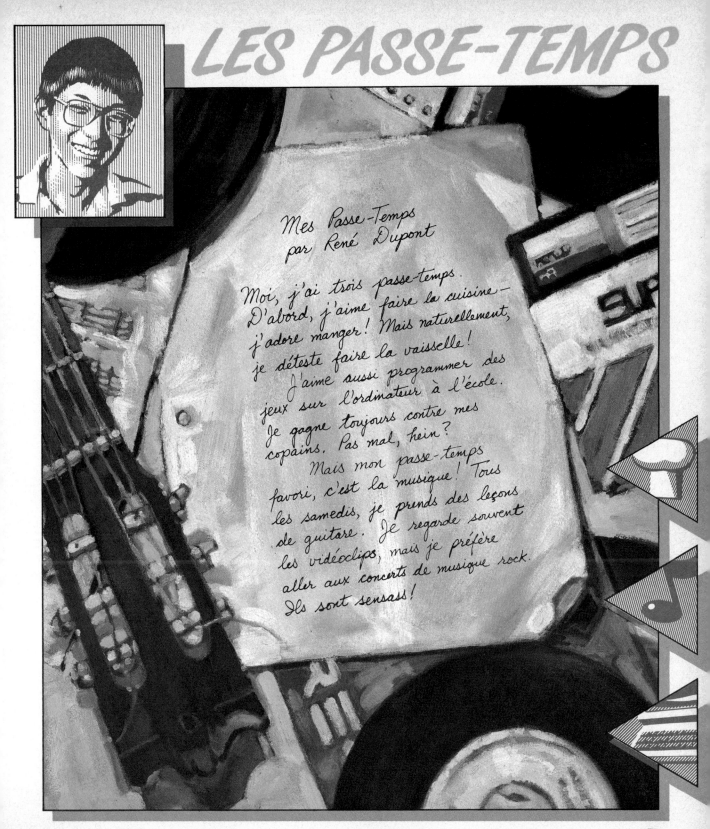

Mes Passe-Temps
par René Dupont

Moi, j'ai trois passe-temps.
D'abord, j'aime faire la cuisine —
j'adore manger! Mais naturellement,
je déteste faire la vaisselle!
    J'aime aussi programmer des
jeux sur l'ordinateur à l'école.
Je gagne toujours contre mes
copains. Pas mal, hein?
    Mais mon passe-temps
favori, c'est la musique! Tous
les samedis, je prends des leçons
de guitare. Je regarde souvent
les vidéoclips, mais je préfère
aller aux concerts de musique rock.
Ils sont sensass!

# les passe-temps

Il fait de la photo.

Elle fait de l'équitation.

Ils font du sport.

Elle fait la cuisine.

Ils font de la gymnastique.

Ils font du camping.

Elles font du ski.

Il fait de la natation.

# vocabulaire

## masculin

| | |
|---|---|
| un album | *album* |
| un passe-temps | *pastime, hobby* |
| le temps libre | *free time, spare time* |
| un vidéoclip | *music video* |

## féminin

| | |
|---|---|
| une année | *year* |
| une danse | *dance* |

## verbes

| | |
|---|---|
| danser | *to dance* |
| espérer | *to hope* |
| préférer | *to prefer* |
| programmer | *to program* |

## adverbes

| | |
|---|---|
| déjà | *already* |
| pendant | *during; while* |
| quelquefois | *sometimes* |

## expressions

| | |
|---|---|
| attention! | *watch out! be careful!* |
| faire de la gymnastique | *to do gymnastics* |
| faire de l'équitation | *to go (horseback) riding* |
| faire de la photo | *to take photographs* |
| faire du sport | *to play sports* |
| faire la cuisine | *to cook; to prepare a meal* |
| faire la vaisselle | *to do, to wash the dishes* |
| faire partie d'une équipe | *to be on a team; to play on a team* |
| pas mal, hein? | *not bad, eh?* |

# je comprends!

*vrai* ou *faux*?

1. Claudette fait de la photo et elle collectionne les timbres.
2. Elle a deux albums de timbres français.
3. Elle déteste faire du sport.
4. Elle fait de la natation.
5. Pendant l'été, elle patine.
6. Cette année, elle espère faire du camping.
7. Elle fait partie de l'équipe de basket-ball.
8. Elle adore danser.

## questions

1. René a combien de passe-temps?
2. Qu'est-ce qu'il aime faire? Pourquoi?
3. Qu'est-ce qu'il déteste faire?
4. Qu'est-ce qu'il aime faire à l'école?
5. Quel est son passe-temps favori?
6. Que fait-il tous les samedis?
7. Qu'est-ce qu'il regarde souvent à la télé?
8. Où est-ce qu'il préfère aller?

# entre nous

1. Que fais-tu pendant ton temps libre?
2. Fais-tu partie d'une équipe? De quelle équipe?
3. Qu'est-ce que tu espères faire pendant les vacances d'été?
4. Est-ce que tu préfères danser ou écouter de la musique?
5. Quel est ton vidéoclip favori?
6. Qu'est-ce que tu n'aimes pas faire?

# j'observe!

## les verbes et les infinitifs

– Qu'est-ce que tu <u>aimes faire</u> en hiver?
– J'<u>aime patiner</u>.

– Où est-ce qu'il <u>préfère aller</u> demain?
– Il <u>préfère aller</u> à la plage.

– Quand est-ce que vous <u>espérez finir</u>?
– Nous <u>espérons finir</u> bientôt.

– Moi, j'<u>aime mieux aller</u> au stade à pied.
– Et moi, j'<u>aime mieux</u> prendre l'autobus!

– Tu <u>adores faire</u> du ski, n'est-ce pas?
– Non, pas du tout! Je <u>déteste faire</u> du ski!

– Va-t-il à la danse?
– Tu parles! Il n'<u>aime</u> pas <u>danser</u>!

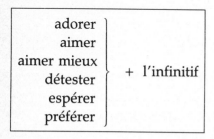

$$\left.\begin{array}{c} \text{adorer} \\ \text{aimer} \\ \text{aimer mieux} \\ \text{détester} \\ \text{espérer} \\ \text{préférer} \end{array}\right\} + \text{l'infinitif}$$

### ⬢ttention!

**à la négative:** Je <u>n</u>'aime <u>pas</u> travailler.

## le verbe *préférer* (to prefer)

| | |
|---|---|
| je préf**è**re* | nous préférons |
| tu préf**è**res | vous préférez |
| il préf**è**re | ils préf**è**rent |
| elle préf**è**re | elles préf**è**rent |

| comme *préférer*: espérer |
|---|

\* *I prefer, I do prefer*

1. Je <u>préfère</u> prendre le métro.
2. Il <u>préfère</u> les films d'horreur.
3. Nous <u>préférons</u> l'automne à l'hiver.

# mini-dialogues

## A les professions 🔊

– Moi, j'espère être **guitariste**.
– **Tu parles!**
– Comment ça?
– Eh bien, un guitariste a besoin de talent!

1. cascadeur/cascadeuse
   tu plaisantes
2. chanteur/chanteuse
   ça, c'est drôle
3. pianiste
   tu es fou
4. acteur/actrice
   quelle idée folle

## B pas du tout! 🔊

– Est-ce que **tu** aimes **jouer aux sports**?
– Pas du tout! Je déteste jouer aux sports!
– Alors, qu'est-ce que tu aimes faire?
– J'aime **regarder la télé**!

1. Richard
   chanter
   danser
2. Marie-Claire
   aller au cinéma
   regarder les
     vidéoclips
3. tu
   faire de la photo
   faire du sport
4. vous
   faire de l'équitation
   faire de la gymnastique
5. tes amis
   patiner
   aller aux concerts
     de musique rock
6. ses soeurs
   faire la cuisine
   faire de la natation

## C les préférences 🔊

– Que fais-tu **ce soir**?
– Je **vais au match**. Et toi?
– Moi, je préfère **patiner**.

1. samedi
   jouer au baseball
   aller à la danse
2. ce week-end
   visiter les Dubois
   faire des achats
3. après le dîner
   aller chez Angèle
   travailler sur ma
     collection
4. après les classes
   faire de la natation
   rentrer chez moi
5. dimanche
   regarder la télé
   faire de l'équitation
6. demain soir
   faire de la
     gymnastique
   programmer des jeux

## D non, merci! 🔊

– Vas-tu **au cinéma** avec nous?
– Non, merci. Je n'aime pas **regarder les films**.

1. au stade
   regarder les matchs
2. à la danse
   danser
3. à la piscine
   faire de la natation
4. au centre d'achats
   faire des achats
5. au concert
   écouter de la musique

# allons-y!

## A passe-temps favoris!

Invente des phrases avec *aimer* et un infinitif!

1. Claudette … .
   ▶ *Claudette aime danser.*
2. René … .
3. J'… .
4. Est-ce que tu … ?
5. Mes copains … .
6. Ma famille … .
7. Mon professeur de français … .
8. Est-ce que vous … ?
9. Nous … .
10. Elles … .

## B les substitutions

1. **Daniel** préfère l'été à l'hiver. (nous, Claudine, mes amis, je)
2. **Tu** espères faire partie de l'équipe? (vous, elle, il, elles)
3. **Je** n'aime pas faire la vaisselle! (Georges, nous, Lucie, les enfants)
4. Cet élève déteste **étudier**! (travailler, attendre, finir ses devoirs, aller à l'école)
5. Qu'est-ce que tu aimes **collectionner**? (manger, faire, acheter, porter)
6. Nous adorons **patiner**! (chanter, danser, gagner, taper)

## C les activités

Fais des phrases!

1. Josée/regarder les films/aller au cinéma
   ▶ *Josée aime regarder les films, mais elle n'aime pas aller au cinéma.*
2. je/faire du sport/jouer au tennis
3. les Chartrand/faire du ski/faire de la natation
4. nous/dîner au restaurant/faire la cuisine
5. Mlle Poirier/faire des voyages/prendre des photos
6. Fernand/écouter la radio/regarder des vidéoclips

## D tes préférences personnelles

Est-ce que tu préfères...

1. chanter ou danser?
   ▶ *Je préfère chanter.*
   ou
   ▶ *Je préfère danser.*
2. aller à un concert de musique rock ou regarder des vidéoclips?
3. patiner ou faire du ski?
4. faire de la gymnastique ou faire de l'équitation?
5. faire de la photo ou collectionner quelque chose?
6. faire la cuisine ou faire de la natation?
7. manger ou faire la vaisselle?
8. faire un voyage ou organiser un groupe rock?
9. regarder un film d'action ou prendre une leçon de guitare?
10. parler anglais ou parler français?

## E à chaque réponse, sa question!

Pose une question pour chaque réponse!

1. <u>Oui</u>, elle aime faire de l'équitation.
   ▶ *Est-ce qu'elle aime faire de l'équitation?*
2. Je préfère aller <u>au concert de musique rock</u>.
3. Ils détestent <u>prendre l'autobus</u>.
4. Elle espère rentrer à <u>cinq heures</u>.
5. Nous aimons faire <u>du sport</u>.
6. <u>Non</u>, je n'aime pas répondre à toutes ces questions!

# bon voyage!

## A  chacun ses passe-temps!

Complète chaque phrase avec un infinitif!

1. Après le dîner, j'aime … .
2. Quelquefois, j'aime … .
3. À l'école, j'aime … .

4. Ce week-end, j'espère … .
5. Pendant les vacances d'été, je préfère … .
6. En hiver, je n'aime pas … .

## B  le coin des opinions

J'adore …
J'aime beaucoup …
J'aime …
Je n'aime pas …
Je déteste …

faire des parties de Scrabble
acheter des vêtements
travailler après les classes
organiser des partys
parler au téléphone
faire du sport
danser
regarder des vidéoclips
dîner à une pizzeria
manger des oignons

avoir tort
être en retard
aller aux concerts de musique rock
étudier pour les tests
finir mes devoirs
aller à l'école
faire la vaisselle
prendre l'autobus
ranger ma chambre
prendre des vacances

## C  chacun son goût!

Est-ce que tu préfères…

1. jouer aux cartes ou
   jouer aux échecs?

3. jouer de la guitare ou
   jouer du piano?

5. prendre des leçons de poterie ou
   prendre des leçons de vol delta?

2. faire du ski alpin ou
   faire du ski de fond?

4. aller au ballet ou
   aller au théâtre?

6. faire un voyage à New York ou
   faire un voyage à Paris?

## D savoir-lire

| verbe | nom |
|---|---|
| patiner ———→ | des patins |
| choisir ———→ | un choix |
| répondre ———→ | une réponse |

Devine les mots en caractères gras!

1. À la **fin** du film, Pierre Laroche gagne contre King Kong.
2. La nouvelle **chanson** des *Lazers* est sensass!
3. La **rentrée** des classes est le 8 septembre.
4. Ces **étudiants** aiment faire du **patinage**.
5. Je n'aime pas le **travail** difficile!
6. Ils attendent l'**arrivée** de leurs parents.
7. Zut! Il y a une **attente** d'une heure avant le **commencement** du concert!
8. Cette **organisation** donne beaucoup d'argent aux **travailleurs**.

## E mes passe-temps ••

Écoute la composition de Ginette.
Après, parle de toi et de tes passe-temps!

Pendant mon temps libre, je suis très occupée! J'ai beaucoup de passe-temps! Mais mon passe-temps favori, c'est la natation. Je vais à la piscine municipale pendant toute l'année.

J'aime aussi danser. Tous les samedis, je prends des leçons de ballet. Naturellement, quand il y a une danse à l'école, je suis toujours là!

Quelquefois, je vais à un concert de musique rock. J'aime beaucoup ça! Mais il y a peu de concerts dans ma ville, alors je regarde les vidéoclips à la télé. Moi, j'adore collectionner des posters de groupes rock. J'ai déjà trente posters. Pas mal, hein?

## F toi et moi!

### entre copains

Tu poses des questions à un(e) ami(e) sur ses passe-temps.
Après, changez de rôles!

– D'habitude, qu'est-ce que tu aimes faire pendant ton temps libre?
– …
– Quel est ton passe-temps favori?
– …
– Où est-ce que tu espères aller ce week-end?
– …
– Qu'est-ce que tu préfères faire pendant les vacances?
– …
– Qu'est-ce que tu n'aimes pas faire?
– …

# lisons!

# Un Noël Extraordinaire

C'est le 24 décembre. M. et Mme Grandbois
et leurs enfants Claudine et Michel vont à
leur chalet de ski. Il y a une tempête de neige.
La visibilité est très mauvaise. Il commence
à faire noir…

**M. GRANDBOIS** – Il est impossible de continuer!

**MME GRANDBOIS** – Ah, non! Qu'est-ce que nous
allons faire?

**MICHEL** – Regarde, papa! Il y a une
maison là-bas!

**CLAUDINE** – Et il y a une lumière dans
la fenêtre!

**M. GRANDBOIS** – Bon! Allons-y!

M. Grandbois frappe à la porte de la maison.
La porte s'ouvre, mais il n'y a personne là…

La famille entre. Il y a une chandelle dans
la fenêtre et un feu dans la cheminée…! Près
de la cheminée, il y a un arbre de Noël. Sous
l'arbre, il y a des cadeaux. Mais la maison est
désertée…

M. et Mme Grandbois prennent la chandelle
et cherchent un téléphone…

**M. GRANDBOIS** – Zut! Il n'y a pas de téléphone
...et pas d'électricité!
**MME GRANDBOIS** – Regarde ce calendrier, Richard!
**M. GRANDBOIS** – Le 25 décembre ...1900!
**CLAUDINE** – Maman! Papa! Je suis fatiguée!
**MICHEL** – Moi aussi!
**M. GRANDBOIS** – Alors, nous allons passer
la nuit ici!

à suivre...

## petit vocabulaire

| | |
|---|---|
| un arbre de Noël | *Christmas tree* |
| à suivre | *to be continued* |
| un calendrier | *calendar* |
| une chandelle | *candle* |
| une cheminée | *fireplace* |
| faire noir | *to become (get) dark* |
| une fenêtre | *window* |
| un feu | *fire* |
| frapper (à) | *to knock (on)* |
| une lumière | *light* |
| ne...personne | *no one, nobody* |
| passer la nuit | *to spend the night* |
| s'ouvre | *opens* |
| une tempête de neige | *snowstorm* |

## *vrai* ou *faux?*

1. C'est le 25 décembre.
2. Les Grandbois vont à leur chalet de ski.
3. Il pleut.
4. Il est impossible de continuer.
5. Les Grandbois frappent à la porte d'un hôtel.
6. C'est la maison des Michaud.

## questions

1. Quand la porte s'ouvre, qui est là?
2. Qu'est-ce qu'il y a dans la fenêtre? dans la cheminée?
3. Qu'est-ce qu'il y a sous l'arbre de Noël?
4. Comment est la maison?
5. Qu'est-ce que M. et Mme Grandbois cherchent?
6. Quelle est la date sur le calendrier?
7. Comment sont les enfants?
8. Où est-ce que la famille va passer la nuit?

## Bienvenue en BELGIQUE!

Un café-terrasse à Bruxelles.

Je m'appelle Sylvie Lacroix et je suis belge. J'habite à Bruxelles, la capitale du pays.

La Belgique a deux langues officielles: le français et le flamand. Moi, je suis bilingue. Je parle les deux langues parce que ma mère est flamande et mon père est francophone.

La Belgique est près de la France, alors je visite souvent mes grands-parents à Paris.

OCÉAN ATLANTIQUE
N
L'EUROPE
LA BELGIQUE
LA FRANCE · LA SUISSE
Bruxelles
LE MAROC
LE SÉNÉGAL
L'AFRIQUE

De vieux bâtiments à Bruxelles.

La grande place à Bruges.

Un canal à Gand.

Un petit pont à Bruges.

# je me souviens!

## le verbe *aller*

| formes affirmatives | formes négatives |
|---|---|
| je vais | je ne vais pas |
| tu vas | tu ne vas pas |
| il va | il ne va pas |
| elle va | elle ne va pas |
| nous allons | nous n'allons pas |
| vous allez | vous n'allez pas |
| ils vont | ils ne vont pas |
| elles vont | elles ne vont pas |

## A  voilà toutes les formes!

Pose des questions avec le verbe *aller*. Puis, pour chaque question, donne une réponse affirmative et une réponse négative!

1. tu/à la bibliothèque
   - ▶ *Vas-tu à la bibliothèque?*
   - ▶ *Oui, je vais à la bibliothèque.*
   - ▶ *Non, je ne vais pas à la bibliothèque.*
2. il/au centre d'achats
3. elle/chez le coiffeur
4. tu/à la boulangerie
5. ils/à Calgary
6. vous/chez Luc
7. elles/au bureau de poste

## B  questions personnelles

1. À quelle heure vas-tu à l'école?
2. Comment y vas-tu?
3. Où vas-tu après les classes?
4. Vas-tu souvent aux concerts de musique rock?
5. Où est-ce que tu aimes aller pendant le week-end?
6. Où est-ce que tu aimes aller pendant les vacances d'été?
7. Est-ce que tu aimes aller chez le dentiste?

## LANGUAGE

- the verb *aller* + an infinitive to express future time

## COMMUNICATION

- talking about what you are going to do
- making plans

## SITUATION

- a trip to Saint-Donat

71

La classe de monsieur Lafleur va passer quatre jours à Saint-Donat, un village dans les Laurentides.

CHRISTOPHE – Imagine! Quatre jours sans classes, sans parents!

LAURENT – Pas mal, hein? Moi, je vais faire du ski du matin au so[...]
Selon monsieur Lafleur, les collines sont formidables

CHRISTOPHE – Super! …Moi, je vais faire du toboggan
…et de la raquette aussi!

Le lendemain matin…

Bonjour! Allons-y!

Eh bien, vous allez descendre, oui ou non?

LAURENT – Excellente idée!
CHRISTOPHE – Et après, dans la chambre, nous allons regarder la télé!
LAURENT – …Et écouter nos cassettes …toute la nuit!

CHRISTOPHE – …Et faire la grasse matinée tous les jours! Chouette, non?
LAURENT – Tiens! Nous arrivons!
CHRISTOPHE – Oui, voilà l'hôtel!

# qu'est-ce que tu vas faire ce week-end?

Je vais aller en ville.

Je vais garder des enfants.

Je vais faire une promenade.

Je vais rester à la maison.

Je vais faire du toboggan.

Je vais faire de la raquette.

Je vais faire du jogging.

Je vais faire la grasse matinée!

# vocabulaire

## masculin

| | |
|---|---|
| un matin | *morning* |
| un village | *village* |

## féminin

| | |
|---|---|
| une colline | *hill* |
| les Laurentides | *Laurentian mountains* |
| une nuit | *night* |

## verbes

| | |
|---|---|
| descendre | *to come down, to go down* |
| garder des enfants | *to babysit* |
| passer | *to spend (time)* |
| rester | *to stay* |

## adjectif

| | |
|---|---|
| excellent*, excellente | *excellent* |

## préposition

| | |
|---|---|
| selon | *according to* |

## expressions

| | |
|---|---|
| bonne nuit! | *good night!* |
| du matin au soir | *from morning till night* |
| en ville | *downtown* |
| faire de la raquette | *to snowshoe, to go snowshoeing* |
| faire du jogging | *to jog, to go jogging* |
| faire du toboggan | *to toboggan, to go tobogganing* |
| faire la grasse matinée | *to sleep in (late)* |
| faire une promenade | *to go for a walk* |
| imagine! | *imagine! just think!* |
| le lendemain matin | *the following morning* |

*précède le nom

# je comprends!

## à compléter...

1. Christophe et Laurent vont à ... .
2. Ils y vont pour ... .
3. Saint-Donat est dans les ... .
4. Les collines à Saint-Donat sont ... !
5. Les garçons sont très ... !

## questions

1. C'est quelle saison?
2. Qu'est-ce que Laurent va faire du matin au soir?
3. Qu'est-ce que Christophe va faire?
4. Qu'est-ce que les garçons vont faire dans leur chambre?
5. Selon Christophe, qu'est-ce qu'ils vont faire tous les matins?
6. Comment sont les deux garçons sur la colline?
7. Où sont les garçons à sept heures et demie du soir?
8. Comment sont-ils?

# entre nous

1. Qu'est-ce que tu vas faire après les classes? ce soir? ce week-end?
2. Est-ce que tu aimes faire la grasse matinée? Quand?
3. Qu'est-ce que tu aimes faire en hiver?
4. Vas-tu souvent en ville? Où?
5. Fais-tu souvent des promenades? Où?
6. Gardes-tu quelquefois des enfants? Quels enfants?
7. Est-ce que tu préfères passer le week-end chez des amis ou rester chez toi?

# j'observe!

## le futur proche (*aller* + un infinitif)

Compare:

<table>
<tr><td>

**le présent**

Aujourd'hui, j'écoute de la musique.
Aujourd'hui, Paul finit ses devoirs.
Aujourd'hui, nous attendons l'autobus.

</td><td>

**le futur**

Demain, je vais écouter de la musique.
Demain, il va finir ses devoirs.
Demain, nous allons attendre l'autobus.

</td></tr>
</table>

– Qu'est-ce que tu vas faire ce soir?
– Je vais faire une promenade.

– Où est-ce qu'il va passer le week-end?
– Il va passer le week-end à Saint-Donat.

– Quand est-ce que vous allez faire du jogging?
  Nous allons faire du jogging après le déjeuner.

– Tu vas aller en ville demain?
– Non, je vais garder les enfants de mon frère.

– Comment est-ce qu'elles vont aller à Montréal?
– Elles vont prendre le train.

– Est-ce qu'ils vont finir avant midi?
– Non, ils ne vont pas finir avant midi.

– Est-ce qu'elle va attendre Julie?
– Non, elle ne va pas attendre Julie.

> aller + un infinitif = le futur

## ❢ rappel

**à la négative:** Il ne va pas répondre à ta question.

# mini-dialogues

## A  quelle chance! ••

– Où est-ce que tu vas passer
   le week-end?
– À **Saint-Donat**.
– Qu'est-ce que tu vas faire?
– Je vais **faire de la raquette**.
– Tu as de la chance!

1. Québec
   dîner *Aux Anciens Canadiens*
2. Toronto
   visiter la tour CN
3. Vancouver
   aller à la plage

4. Montréal
   acheter de nouveaux vêtements
5. Sault-Ste-Marie
   faire du ski
6. Moncton
   jouer au hockey

## B  pourquoi pas? ••

– Tu vas **regarder la télé** ce soir?
– Non, je ne vais pas regarder la télé.
– Pourquoi pas?
– Je préfère **aller en ville**.

1. travailler
   faire du jogging
2. rester à la maison
   aller à la danse
3. regarder les vidéoclips
   faire du toboggan

4. jouer au *Scrabble*
   jouer au *Monopoly*
5. patiner
   faire de la raquette
6. dîner chez Colette
   manger au restaurant

## C  c'est beaucoup! ••

– Qu'est-ce que **tu** vas faire samedi?
– D'abord, je vais **aller chez le coiffeur**.
– Et puis?
– Je vais **aller à la danse**.

1. Marcelle
   ranger sa chambre
   jouer au baseball

2. Martin
   patiner
   aller au cinéma

3. les enfants
   faire la cuisine
   faire la vaisselle

4. tu
   répondre à des lettres
   prendre ma leçon de tennis

5. vous
   faire du jogging
   aller à la party

6. tes copines
   étudier
   faire du toboggan

# allons-y!

## A les substitutions

1. Demain, je vais **jouer au hockey**.
   (patiner, travailler, étudier)
2. Est-ce que tu vas **rentrer** chez toi?
   (dîner, rester, attendre)
3. Est-ce qu'ils vont **acheter** la voiture rouge?
   (choisir, vendre, prendre)
4. Nous n'allons pas **aller** au restaurant.
   (manger, travailler, dîner)
5. Quand est-ce que vous allez **parler** à
   Maurice? (téléphoner, répondre, demander)
6. Elle ne va pas **arriver** à huit heures.
   (finir, rentrer, commencer)

## B quel infinitif?

1. Vite! Vous allez (faire/être) en retard!
   ▶ *Vite! Vous allez être en retard!*
2. Combien de jours est-ce que tu vas
   (passer/répondre) à Saint-Donat?
3. Il fait très chaud. Je ne vais pas (avoir/être)
   besoin de mon chandail.
4. Elle va (rester/habiter) à la maison
   aujourd'hui parce qu'elle est malade.
5. Quand est-ce qu'ils vont (lancer/garder) les
   enfants des Martin?
6. Est-ce qu'il va (être/faire) beau demain?

## C à demain!

Qu'est-ce que tout le monde va faire demain?

1. Pierre

   ▶ *Pierre va faire des achats.*

2. Madeleine

3. Je

4. André

5. Nous

6. Carole

7. Laurent et Christophe

8. Nos copains

9. Les Bergeron

10. Colette et Jeannette

78

## D oui et non!

1. Georges/faire du ski/patiner
   ▶ *Georges va faire du ski, mais il ne va pas patiner.*
2. Henriette/écouter la musique/danser
3. je/faire la cuisine/faire la vaisselle
4. nous/aller à Montréal/visiter le stade Olympique
5. les Vachon/descendre en ville/prendre le métro
6. je/rester chez moi/ranger ma chambre

## E questions et réponses

Choisis la bonne réponse à chaque question!

1. «À quelle heure est-ce qu'ils vont rentrer?»
2. «Est-ce que tu vas faire du jogging ce soir?»
3. «Quand est-ce que tu vas aller à Saint-Donat?»
4. «Pourquoi est-ce qu'elle va rester chez elle?»
5. «À qui est-ce qu'il va téléphoner?»
6. «Où est-ce qu'ils vont passer leurs vacances?»
7. «Comment est-ce que tu vas descendre en ville?»
8. «Est-ce que vous allez faire du ski à Saint-Donat?»

«Parce qu'il fait très mauvais.»

«À ses parents.»

«Vers minuit, j'espère.»

«Je vais prendre l'autobus.»

«Bien sûr! Je fais ça tous les soirs.»

«Dans les Laurentides.»

«Certainement! Du matin au soir!»

«Le 26 février.»

# bon voyage!

## A les vacances idéales

AGENCE DE VOYAGES
*EN ROUTE*

### SAINT-DONAT

- du 21 février au 25 février
- voyage aller et retour en autocar de luxe
- chambre au *Manoir des Laurentides*
- ski alpin, ski de fond, patinage, toboggan, raquette

### MONTRÉAL

- du 11 juin au 18 juin
- voyage aller et retour en avion
- chambre à *l'Hôtel Bonaventure*
- visite de la ville en autobus
- match de baseball au stade Olympique (les Expos v. les Mets)

### QUÉBEC

- du 3 mai au 9 mai
- voyage aller et retour en train
- chambre au *Château Frontenac*
- déjeuner *Aux Anciens Canadiens*
- promenade à pied dans le Vieux Québec
- excursion en bateau sur le fleuve Saint-Laurent

### GASPÉ

- du 22 juillet au 5 août
- voyage aller et retour en autocar
- camping au parc provincial à Pointe Penouille
- natation, canotage, voile, randonnées à pied

Choisis ton voyage préféré, puis réponds aux questions suivantes!

1. Où est-ce que tu vas aller? Quand? Comment?
2. Où est-ce que tu vas rester?
3. Qu'est-ce que tu vas faire?
4. Quand est-ce que tu vas rentrer?

## petit vocabulaire

| | | | |
|---|---|---|---|
| un autocar | *highway bus, coach* | faire une randonnée à pied | *to go hiking* |
| faire de la voile | *to go sailing* | le ski alpin | *downhill skiing* |
| faire du canotage ♣ | *to go canoeing* | le ski de fond | *cross-country skiing* |
| faire une excursion en bateau | *to go for a boat ride* | un voyage aller et retour | *round trip* |

## B la semaine de Christophe

# février

| dimanche | lundi | mardi | mercredi | jeudi | vendredi | samedi |
|---|---|---|---|---|---|---|
| | 1 *téléphoner à Laurent* | 2 *- aller en ville - chercher un guide sur les Laurentides* | 3 *- dîner chez Laurent - étudier pour mon test de français* | 4 *garder les enfants des Lafleur* | 5 *passer la nuit chez Laurent* | 6 *prendre ma leçon de ski* |
| 7 *- ranger ma chambre - finir mes devoirs* | 8 | 9 | 10 | 11 | 12 | 13 |
| 14 | 15 | 16 | 17 | 18 | 19 | 20 |

1. Quand est-ce que Christophe va téléphoner à Laurent?
2. Où est-ce qu'il va aller mardi?
3. Qu'est-ce qu'il va chercher?
4. Chez qui est-ce qu'il va dîner mercredi?
5. Pour quel test est-ce qu'il va étudier mercredi?
6. Quels enfants est-ce qu'il va garder jeudi?
7. Où est-ce qu'il va passer la nuit vendredi?
8. Quelle leçon est-ce qu'il va prendre samedi?
9. Qu'est-ce qu'il va faire dimanche?

## C savoir-lire

| français | anglais |
|---|---|
| village ——————→ | *village* |
| excellent ——————→ | *excellent* |
| océan ——————→ | *ocean* |

Devine les mots en caractères gras!

1. Ils ont une grande **appréciation** pour le **ballet** et pour l'**opéra**.
2. Dans le journal d'aujourd'hui, il y a un **article** intéressant sur la **pollution**.
3. Cet acteur joue un **rôle** au **théâtre national**.
4. Nous avons beaucoup de **respect** et d'**admiration** pour le **président** de ce **club**.
5. Avez-vous des **suggestions** ou des **instructions** pour nous?

## D toi et moi!

### visite à Saint-Donat

Tu vas passer quatre jours à Saint-Donat avec ta classe de français. Un(e) ami(e) pose des questions sur ton voyage.
Après, changez de rôles!

– ... ?
– Saint-Donat est dans les Laurentides.
– ... ?
– Quatre jours.
– ... ?
– Oui, nous allons prendre le train.
– ... ?
– Nous allons rester au *Manoir des Laurentides*.
– ... ?
– Bien sûr! Je vais faire du ski du matin au soir!
– ... !
– Merci beaucoup!

# lisons! (suite et fin) 👓

## Un Noël Extraordinaire

Il est sept heures du matin. Les Grandbois
dorment devant la cheminée…

CLAUDINE — Papa, maman, Michel!
Regardez! Il fait beau dehors!

Réveillés de leur sommeil, les Grandbois
examinent le salon. Ils sont fascinés! Tous
les meubles sont très vieux, mais en parfaite
condition…

Tout à coup, la pendule sur la cheminée
commence à sonner! Deux minutes, trois
minutes, cinq minutes… elle ne cesse pas
de sonner!

M. GRANDBOIS – Il y a quelque chose d'étrange
dans cette maison!
MICHEL – Papa! J'ai peur!
MME GRANDBOIS – Vite, les enfants! Il est temps
de partir!

Un peu plus tard, dans un petit restaurant du village, M. Grandbois parle avec la serveuse…

**M. GRANDBOIS** – Excusez-moi, mademoiselle. Est-ce que la famille Michaud est en vacances?

**LA SERVEUSE** – La famille Michaud? Mais, monsieur, il n'y a pas de famille Michaud dans ce village!

**M. GRANDBOIS** – Si, si! Leur maison n'est pas loin d'ici!

M. Grandbois raconte alors les expériences de la nuit passée… La serveuse commence à trembler… Son visage est pâle…

**LA SERVEUSE** – Mais, monsieur! Un incendie a complètement détruit cette maison!

**M. GRANDBOIS** – Un incendie!?…

**LA SERVEUSE** – Oui, monsieur. Un incendie terrible… le 25 décembre, 1900!

## petit vocabulaire

| | |
|---|---|
| a détruit | *destroyed* |
| cesser | *to cease; to stop* |
| dehors | *outside* |
| dorment | *are sleeping* |
| étrange | *strange* |
| un incendie | *fire* |
| les meubles *(m.)* | *furniture* |
| partir | *to leave* |
| passée | *last* |
| une pendule | *clock* |
| raconter | *to tell* |
| réveillés | *awakened* |
| une serveuse | *waitress* |
| le sommeil | *sleep* |
| sonner | *to ring; to chime* |
| suite et fin | *conclusion* |
| vieux | *old* |
| un visage | *face* |

## *vrai* ou *faux?*

1. Il est huit heures du matin.
2. Les Grandbois dorment.
3. Il fait mauvais dehors.
4. Les Grandbois examinent le salon.
5. Tous les meubles sont modernes.
6. Le téléphone commence à sonner.
7. Michel a faim.
8. Les Grandbois quittent la maison.

## questions

1. Où vont les Grandbois?
2. Avec qui est-ce que M. Grandbois parle?
3. Qu'est-ce qu'il raconte à la serveuse?
4. Comment est la serveuse?
5. Qu'est-ce qu'elle explique à M. Grandbois?

Un port de pêche.

# Bienvenue à la MARTINIQUE!

Je m'appelle Jacques Galion et je suis martiniquais. La Martinique est située dans la mer des Caraïbes. Comme la Guadeloupe, une île voisine, la Martinique est un département de la France. Naturellement, la langue officielle, c'est le français. Mais comme moi, beaucoup de Martiniquais parlent aussi le créole.

Moi, j'habite Fort-de-France, la capitale de l'île. J'adore la Martinique — chez nous il fait toujours du soleil!

Une église à Fort-de-France.

La cuisine martiniquaise.

La mer des Caraïbes.

# je me souviens!

## le verbe *avoir*

| formes affirmatives | | formes négatives | |
|---|---|---|---|
| j'ai | nous avons | je n'ai pas | nous n'avons pas |
| tu as | vous avez | tu n'as pas | vous n'avez pas |
| il a | ils ont | il n'a pas | ils n'ont pas |
| elle a | elles ont | elle n'a pas | elles n'ont pas |

**❡ rappel**

il y a                                        il n'y a pas

## A  choisis bien!

Complète chaque phrase avec la forme correcte du verbe *avoir*!

1. Il y … des collines formidables à Saint-Donat!
2. Pardon, monsieur. Est-ce que vous … une minute?
3. J'… déjà deux albums de timbres français.
4. …-tu du temps libre ce soir?
5. Imagine! Ils n'… pas de passe-temps!
6. Cette vedette … beaucoup de fans.
7. Nous … une leçon de danse demain.
8. …-t-elle des photos des Laurentides?
9. Il n'y … pas assez d'action dans ce film.
10. Elles n'… jamais d'argent.

## B  les expressions avec *avoir*

Choisis la bonne expression et complète chaque phrase!

> avoir … ans,  avoir faim,  avoir soif,
> avoir chaud,  avoir froid,  avoir peur,
> avoir besoin,  avoir raison,  avoir tort,
> avoir de la chance

1. Mais, ce n'est pas vrai! Comme toujours, tu … !
2. Nous … toujours … en hiver.
3. Bof! Je n'… pas … des gorilles mécaniques!
4. Elle va aller à Tahiti demain. Elle … !
5. …-vous … ? Il y a des biscuits sur le comptoir.
6. Y a-t-il du jus? Mes copains … !
7. Quand nous …, nous faisons de la natation.
8. Toutes ces réponses sont correctes. Vous … !
9. Il fait très froid aujourd'hui. Tu … de ton chapeau.
10. Il n'est pas jeune. Il … vingt-cinq … déjà!

## LANGUAGE

- the past tense of verbs like *parler*
- the past tense of *faire*

## COMMUNICATION

- talking about what you have done
- describing past events

## SITUATION

- discussing the weekend's activities

# Bravo, Nadine!

Lundi matin avant les classes…

NADINE – Salut, Carole!

CAROLE – Salut, Nadine! Tu as passé un bon week-end?

NADINE – Tu plaisantes! J'ai passé un week-end horrible!

CAROLE – Mais comment ça?

NADINE – Eh bien, vendredi soir, j'ai gardé mon petit frère.

CAROLE – Ah oui, Lucien! …Et qu'est-ce qu'il a fait cette fois?

CAROLE – Mais quoi?

NADINE – De la glace au chocolat — sur le comptoir! …dans les tiroirs! …et sur le plancher! …Et les petits monstres ont cassé une bouteille de coca!

CAROLE – Mon Dieu!

NADINE – D'abord, il a invité deux copains chez nous!

CAROLE – Ah, non!

NADINE – Ah, oui! Et sans ma permission, ils ont commandé une grande pizza de luxe!

CAROLE – Ce n'est pas vrai!

NADINE – Si! Si! Quinze dollars! …Et ils ont mangé ça en quinze minutes!

CAROLE – Ah ça, c'est le comble!

NADINE – Pas encore! Je n'ai pas raconté toute l'histoire. Plus tard, j'ai trouvé un vrai désastre dans la cuisine!

NADINE – Mais enfin, j'ai trouvé la solution.

CAROLE – Ah, oui? Quoi?

NADINE – Ça, c'est mon secret!

89

# qu'est-ce que tout le monde a fait?

**L'été passé**, les enfants ont visité la tour CN.

**Hier**, Michel a aidé ses parents.

**Hier soir**, André a acheté une nouvelle paire de lunettes.

**La semaine passée**, Pauline a fait du jogging.

**Lundi passé**, Marguerite a rencontré des amis au cinéma.

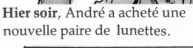

**L'année passée**, les Bertrand ont fait un voyage à Paris.

# vocabulaire

## masculin

| | |
|---|---|
| un monstre | *monster* |
| un plancher | *floor* |
| un secret | *secret* |
| un tiroir | *drawer* |

## féminin

| | |
|---|---|
| une bouteille | *bottle* |
| la glace au chocolat | *chocolate ice cream* |
| une histoire | *story* |
| des lunettes | *(eye)glasses* |
| une paire | *pair* |
| la permission | *permission* |
| une solution | *solution* |
| une tour | *tower* |

## verbes

| | |
|---|---|
| aider | *to help* |
| casser | *to break* |
| raconter | *to tell (a story)* |
| rencontrer | *to meet* |

## préposition

| | |
|---|---|
| en | *in* |

## adjectif

| | |
|---|---|
| passé, passée | *last* |

## expressions

| | |
|---|---|
| chez nous | *to (at) our house (place)* |
| hier | *yesterday* |
| hier soir | *last night* |
| mon Dieu! | *my goodness!* |

# je comprends!

## questions

1. Qu'est-ce que Nadine a fait vendredi soir?
2. Qui est-ce que Lucien a invité chez lui?
3. Qu'est-ce que les garçons ont commandé?
4. Qu'est-ce que Nadine a trouvé dans la cuisine?
5. Qu'est-ce que les garçons ont cassé?
6. Selon toi, comment sont Lucien et ses copains?
7. À qui est-ce que Nadine a téléphoné?
8. Comment est son ami?

# entre nous

1. Qu'est-ce que tu as fait hier soir?
2. Qu'est-ce que tu as fait le week-end passé?
3. Où est-ce que tu as passé les vacances d'été? Qu'est-ce que tu as fait?
4. À quelle heure est-ce que tu as quitté la maison ce matin?
5. Quelle est ton histoire favorite?
6. Aides-tu souvent tes parents? Que fais-tu?

# j'observe!

## le passé composé des verbes comme *parler*

Compare:

| le passé | le présent | le futur |
|---|---|---|
| Après le dîner, j'ai regardé la télé. | Maintenant, j'étudie pour un test de maths. | Plus tard, je vais écouter de la musique. |

### à l'affirmative

**parler**

| | |
|---|---|
| j'ai parlé* | nous avons parlé |
| tu as parlé | vous avez parlé |
| il a parlé | ils ont parlé |
| elle a parlé | elles ont parlé |

| l'infinitif | → | le participe passé |
|---|---|---|
| acheter | → | acheté |
| chanter | → | chanté |
| danser | → | dansé |
| étudier | → | étudié |
| regarder | → | regardé |

*I spoke, I have spoken, I did speak

> le passé composé = le présent du verbe *avoir* + le participe passé du verbe

Ouf! J'ai mangé trop vite!
Tu as raconté l'histoire?
Quand est-ce que le test a commencé?

Zut! Nous avons cassé la bouteille!
Comment est-ce que vous avez trouvé la solution?
Mes amis ont travaillé hier soir.

### à la négative

**parler**

| | |
|---|---|
| je n'ai pas parlé* | nous n'avons pas parlé |
| tu n'as pas parlé | vous n'avez pas parlé |
| il n'a pas parlé | ils n'ont pas parlé |
| elle n'a pas parlé | elles n'ont pas parlé |

*I have not spoken, I did not speak

> (1)　　(2)　　　　(3)　　　　(4)　　(5)
> sujet + ne (n') + présent du verbe *avoir* + pas + participe passé

Je n'ai pas demandé sa permission.
Tu n'as pas aidé ton frère?

Son copain n'a pas habité à Halifax.
Nous n'avons pas rencontré ses parents.

♥ **rappel**

Tu as regardé <u>un</u> film? ──────────→ Non, je n'ai pas regardé <u>de</u> film.
Vous avez trouvé <u>une</u> solution? ──────→ Non, nous n'avons pas trouvé <u>de</u> solution.
Ils ont mangé <u>des</u> fruits de mer? ──────→ Non, ils n'ont pas mangé <u>de</u> fruits de mer.
Elle a commandé <u>du</u> poulet? ──────────→ Non, elle n'a pas commandé <u>de</u> poulet.
Tu as acheté <u>de la</u> glace? ──────────→ Non, je n'ai pas acheté <u>de</u> glace.
Vous avez trouvé <u>de l'</u>argent? ──────→ Non, nous n'avons pas trouvé <u>d'</u>argent.

## le passé composé du verbe *faire* (participe passé: *fait*)

| à l'affirmative | à la négative |
|---|---|
| j'ai fait* | je n'ai pas fait* |
| tu as fait | tu n'as pas fait |
| il a fait | il n'a pas fait |
| elle a fait | elle n'a pas fait |
| nous avons fait | nous n'avons pas fait |
| vous avez fait | vous n'avez pas fait |
| ils ont fait | ils n'ont pas fait |
| elles ont fait | elles n'ont pas fait |

*I did, I have done, I did do          *I haven't done, I didn't do

– Qu'est-ce que tu <u>as fait</u> hier?
– J'<u>ai patiné</u>.

– Est-ce que les enfants <u>ont fait</u> leurs devoirs?
– Non, ils <u>n'ont pas fait</u> leurs devoirs.

– Vous <u>n'avez pas fait</u> la vaisselle?
– Si, nous <u>avons fait</u> la vaisselle!

# mini-dialogues

## A mais non! ••

– **Tu** as étudié hier soir?
– Mais non! **J'ai joué au hockey**.

1. Denis
   écouter des disques

2. tes soeurs
   regarder des vidéoclips

3. les enfants
   visiter des amis

4. vous
   raconter des histoires drôles

5. tu
   dîner au restaurant

6. Nadine
   garder son petit frère

## B c'est la vie! ••

– Qu'est-ce que tu as fait pendant le week-end?
– **J'ai patiné** et **j'ai fait du ski**. Et toi?
– Moi, j'ai passé un week-end horrible!
– Mais comment ça?
– **J'ai gardé ma petite soeur!**

1. visiter la tour CN/faire de la photo
   faire beaucoup de devoirs

2. faire du sport/écouter des disques
   casser mes lunettes

3. faire une promenade/acheter des vêtements
   étudier du matin au soir

4. jouer au badminton/faire de la gymnastique
   ranger toute la maison

## C quoi?! ••

– Alors, vous avez fait un voyage à **Montréal**?
– Oui, **la semaine passée**.
– Vous avez visité **le stade Olympique**,
   n'est-ce pas?
– Euh… non. Nous n'avons pas visité
   le stade Olympique.
– Quoi?!

1. Toronto
   le week-end passé
   le Centre des Sciences

2. Orlando
   l'hiver passé
   Disneyworld

3. New York
   l'été passé
   la statue de la Liberté

4. Paris
   l'année passée
   la tour Eiffel

5. Québec
   le mois passé
   le Château Frontenac

# allons-y!

## A choisis bien!

Complète chaque phrase avec le participe passé logique!

1. Vous avez (rencontrer/raconter) des amis au restaurant?
   ▶ *Vous avez rencontré des amis au restaurant?*
2. Mon Dieu! Il a (programmer/casser) ses lunettes!
3. Voilà! J'ai (attacher/manger) toutes les frites!

4. Est-ce que tu as (aider/garder) ta petite soeur avec ses devoirs?
5. Elles ont (travailler/acheter) de nouveaux jeans.
6. Nous avons (écouter/ranger) un groupe rock fantastique!
7. Elle a (habiter/quitter) l'école à quatre heures.
8. Est-ce que vous avez (chanter/demander) des directions au stade?

## B c'est fait!

Fais des phrases avec le passé composé du verbe *faire*!

1. J'… . ▶ *J'ai fait du ski hier.*
2. Carole … .
3. Lucien et ses copains … .
4. Est-ce que tu … ?
5. Nous … .
6. Elles … .
7. Où est-ce que vous … ?
8. Qui … ?
9. J'… .
10. Le professeur … .

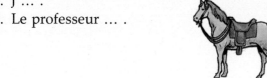

95

## C réponses négatives

Fais des dialogues!

1. ranger le garage
   ▶ – Est-ce que tu as rangé le garage?
   – Non, je n'ai pas rangé le garage!
2. aider Jacqueline
3. passer le week-end à Québec
4. raconter toute l'histoire
5. rencontrer ses parents
6. inviter Paulette
7. téléphoner à Serge
8. dîner au restaurant
9. trouver la solution
10. casser cette bouteille

## D comme toujours!

Mets les phrases suivantes au passé composé!

1. Aujourd'hui, Carole garde son petit frère.
   ▶ Hier, elle a gardé son petit frère.
2. Aujourd'hui, Lucien achète de la glace au chocolat.
3. Aujourd'hui, les Grandbois visitent la tour Eiffel.
4. Aujourd'hui, nous demandons leur permission.
5. Aujourd'hui, tu manges trop de bonbons!
6. Aujourd'hui, je fais des achats.
7. Aujourd'hui, vous racontez une bonne histoire.
8. Aujourd'hui, elles jouent au badminton.

## E questions et réponses

Choisis la bonne réponse à chaque question!

1. «Qu'est-ce que vous avez fait hier soir?»
2. «Où est-ce que tu as acheté cette paire de jeans?»
3. «Quand est-ce qu'il a cassé ses lunettes?»
4. «Tu n'as pas joué au tennis la semaine passée?»
5. «Est-ce que tu as commencé tes devoirs?»
6. «Qui a gagné le match de basket-ball?»
7. «Est-ce qu'elles ont fait du ski hier?»
8. «Qu'est-ce que tu as trouvé dans le tiroir?»

«Si, si! Cinq fois!»
«Les Géants.»
«Au magasin Denimonde.»
«Non, elles ont fait du toboggan.»
«Samedi passé.»
«Deux billets pour le concert des Lazers.»
«Nous avons travaillé au supermarché.»
«Non, pas encore.»

# bon voyage!

## A   la création des phrases!

Compose des phrases au passé composé!

| | | |
|---|---|---|
| 1. Est-ce que tu | danser avec Christophe | au match de hockey |
| 2. Nous | acheter des magazines | à Saint-Donat |
| 3. René | rencontrer des copains | à la party |
| 4. Nadine | parler à la directrice | au stade |
| 5. J' | écouter le professeur | à la librairie |
| 6. Elles | faire de la raquette | en classe |
| 7. Est-ce que vous | marquer deux buts | devant l'école |
| 8. Ils | regarder un match | au bureau |
| | casser ses lunettes | |
| | raconter des histoires | |

## B   la liste de Nadine

Qu'est-ce que Nadine a fait hier?
▶ *Elle a rencontré Robert au centre d'achats.*
Qu'est-ce qu'elle n'a pas fait?
▶ *Elle n'a pas joué*
   *au basket-ball.*

1. rencontrer Robert au centre d'achats ✓
2. jouer au basket-ball ✗
3. acheter de la glace au chocolat ✓
4. dîner chez Carole ✗
5. téléphoner à Véronique ✗
6. faire le dîner ✓
7. garder Lucien ✓
8. ranger la cuisine ✓
9. étudier pour le test de géographie ✗
10. regarder la télé ✗

## C  un peu d'histoire!

Consulte la liste et réponds à chaque question!

1. Qui a trouvé une route vers la Chine?
2. Qui a traversé les Alpes avec des éléphants?
3. Qui a gagné la bataille des Plaines d'Abraham?
4. Qui a trouvé la baie James?
5. Qui a fondé la ville de Québec?
6. Qui a exploré le golfe du Saint-Laurent en 1534?
7. Qui a fondé le premier hôpital en Nouvelle-France?
8. Qui a gagné le prix Nobel en sciences deux fois?
9. Qui a commencé à gouverner le Canada en 1867?
10. Qui a inventé le téléphone?
11. Qui a trouvé le Pôle Nord en 1909?
12. Qui a lancé le premier satellite dans l'espace?
13. Qui a traversé l'océan Atlantique en 1492?
14. Qui a exploré la lune en 1969?

| | |
|---|---|
| Marie Curie | Alexander Graham Bell |
| Jacques Cartier | Jeanne Mance |
| Pierre Radisson | Christophe Colomb |
| Robert Peary | la Russie |
| le général Wolfe | Samuel de Champlain |
| Neil Armstrong | Sir John A. Macdonald |
| Hannibal | Marco Polo |

### petit vocabulaire

| | |
|---|---|
| une bataille | *battle* |
| fonder | *to found, to establish* |
| la lune | *moon* |
| un prix | *prize* |
| traverser | *to cross* |

98

## D savoir-lire

| français | anglais |
|----------|---------|
| continuer ⟶ | *to continue* |
| adorer ⟶ | *to adore* |
| visiter ⟶ | *to visit* |

Devine les mots en caractères gras!

1. Est-ce qu'ils ont **accepté** votre invitation?
2. En 1700, Louis XIV a **gouverné** la France.
3. Il a **confessé** son secret.
4. Samuel de Champlain a **exploré** le fleuve Saint-Laurent.
5. Il n'a pas **regretté** son choix.
6. Ils ont **arrangé** une visite à Québec.
7. Elle a **décidé** de raconter son histoire.
8. J'ai **admiré** son courage.

## E toi et moi!

### le week-end passé

Ton copain pose beaucoup de questions sur ton week-end.

Après, changez de rôles!

– ... ?
– Ah, oui! J'ai passé un week-end formidable!
– ... ?
– Eh bien, vendredi soir, j'ai dîné au restaurant *Bon Appétit*!
– ... ?
– Samedi, j'ai fait la grasse matinée, puis j'ai regardé des vidéoclips.
  Après le dîner, j'ai rencontré des copains au cinéma.
– ... ?
– Dimanche, j'ai joué au hockey et j'ai fait du ski.
– Quel week-end! ... ?
– Les devoirs? Quels devoirs!?!

# perspectives

Le chinois est parlé par 700 millions de personnes, mais la langue est concentrée en Chine. Le français est parlé par 100 millions de personnes, mais pour le voyageur, il est plus important que le chinois à cause de sa vaste distribution dans le monde.

Le français est une langue officielle dans beaucoup de pays en Europe, en Afrique et en Amérique du Nord. Voici des pays où on parle français:

L'Algérie

Le Luxembourg

La Belgique

Le Maroc

Le Canada

La Suisse

La France

La Tunisie

# lisons! ..

## Superstitest

Es-tu superstitieux/superstitieuse?
Choisis A, B ou C!

1. Si je casse un miroir,…
   A j'achète un nouveau miroir.
   B j'ai peur d'avoir de la malchance.
   C je commence à pleurer.

2. Si je trouve une patte de lapin dans la rue,…
   A je ne ramasse pas la patte.
   B je ramasse la patte tout de suite.
   C je décide de faire un voyage à Las Vegas.

3. Si une échelle bloque l'entrée de l'école,…
   A je passe sous l'échelle.
   B j'entre par une autre porte.
   C je refuse d'entrer dans l'école.

4. Si je renverse du sel pendant le dîner,…
   A je nettoie la table.
   B je lance du sel par-dessus mon épaule.
   C je ne suis pas capable de finir mon dîner.

5. Si je trouve un trèfle à quatre feuilles,…
   A je ne ramasse pas le trèfle.
   B je garde le trèfle dans mon livre
   de français.
   C j'achète un billet de loterie.

6. Si mon horoscope annonce une mauvaise journée,…

   A je reste calme.
   B je touche du bois pendant toute la journée.
   C j'achète une assurance-vie.

7. Si un chat noir passe devant moi,…

   A je continue ma promenade.
   B je change de direction.
   C je téléphone à ma mère.

8. Si un copain ouvre un parapluie dans la maison,…

   A je ne fais rien.
   B je suis fâché(e).
   C je commence à prier.

9. Si une diseuse de bonne aventure annonce de la malchance dans ma vie,…

   A je trouve ses prédictions amusantes.
   B je suis un peu nerveux/nerveuse.
   C je perds connaissance.

10. Si c'est aujourd'hui un vendredi treize,…

   A je n'ai pas peur.
   B je prends des précautions.
   C je reste au lit.

**Quels sont tes résultats?**

A = 2 points
B = 1 point
C = 0 point

**de 0 à 10 points:** Tu as combien de pattes de lapin dans ta collection?
**de 11 à 13 points:** Tu as assez de superstitions.
**de 14 à 17 points:** Tu as très peu de superstitions.
**de 18 à 20 points:** Quel sang-froid!

## petit vocabulaire

| | |
|---|---|
| au lit | *in bed* |
| une assurance-vie | *life insurance policy* |
| le bois | *wood* |
| une diseuse de bonne aventure | *fortune teller* |
| une épaule | *shoulder* |
| la malchance | *bad luck* |
| nettoie | *clean* |
| par-dessus | *over* |
| perdre connaissance | *to faint* |
| pleurer | *to cry* |
| prier | *to pray* |
| quel sang-froid! | *what a cool customer!* |
| ramasser | *to pick up* |

# Bienvenue à HAÏTI!

Je m'appelle Élisabeth Roumère et je suis haïtienne. Haïti est situé entre Cuba et Porto Rico sur une île dans la mer des Caraïbes. Moi, j'habite à Port-au-Prince, la capitale de l'île.

À Haïti, le français est la langue officielle. Je parle français et je parle aussi ma langue — le créole.

Haïti, découvert par Christophe Colomb en 1492, est un vrai paradis tropical!

LE CANADA
LE QUÉBEC
OCÉAN ATLANTIQUE
LES ÉTATS-UNIS
HAÏTI
Port-au-Prince
LA MER DES CARAÏBES
LA MARTINIQUE

Des pêcheurs haïtiens.

Une belle plage de sable.

En route pour le marché.

Le transport public.

Ancienne résidence royale.

103

# je me souviens!

## le présent des verbes en -ir

### finir

| je finis | nous finissons |
|----------|----------------|
| tu finis | vous finissez |
| il finit | ils finissent |
| elle finit | elles finissent |

> comme *finir*: choisir, réfléchir

## quel verbe? quelle forme?

1. Nous (finir/réfléchir) toute la bouteille de coca.
   ► *Nous finissons toute la bouteille de coca.*
2. Est-ce que tu (choisir/finir) cette paire de lunettes?
3. Ils ne (réfléchir/choisir) jamais à leurs réponses.
4. Le concert ne (choisir/finir) pas avant dix heures.
5. Je (finir/réfléchir) à la solution.
6. Quand est-ce que vous (réfléchir/finir) le dîner?

## le présent des verbes en -re

### vendre

| je vends | nous vendons |
|----------|--------------|
| tu vends | vous vendez |
| il vend | ils vendent |
| elle vend | elles vendent |

> comme *vendre*: attendre, descendre, répondre

## quel verbe? quelle forme?

1. Ils (vendre/descendre) très vite la colline.
   ► *Ils descendent très vite la colline.*
2. Qui (attendre/vendre) Paul devant l'école?
3. Nous ne (répondre/descendre) pas à toutes ces lettres.
4. Pourquoi est-ce que tu (répondre/vendre) ta moto?
5. Je ne (descendre/répondre) pas en ville aujourd'hui.
6. Où est-ce que vous (attendre/vendre) l'autobus?

# QUE SAIS-JE?

## A  les associations

Quelles idées vont ensemble?

| | |
|---|---|
| 1. **un album** | la musique |
| 2. un problème | Godzilla |
| 3. un vidéoclip | **des timbres** |
| 4. un monstre | la cuisine |
| 5. des collines | une paire |
| 6. une bouteille | une solution |
| 7. la vaisselle | 365 jours |
| 8. des lunettes | les Laurentides |
| 9. un passe-temps | le coca |
| 10. une année | l'équitation |

## B  c'est logique!

Complète chaque phrase avec la bonne expression!

1. Nous espérons (passer, casser, aider) un week-end à Montréal.
2. Saint-Donat est (un plancher, un village, une danse).
3. J'aime toujours rencontrer de nouveaux (monstres, histoires, amis).
4. Il a trouvé ses lunettes dans (la bouteille, le tiroir, la glace au chocolat).
5. Est-ce que tu as fait de la raquette dans (la forêt, la piscine, la cuisine)?
6. Je suis très fatigué… (bonjour, bonne nuit, salut)!

## C  aimer: *oui* et *non*!

1. garder les enfants
   ▶ *J'aime garder les enfants.*
   ▶ *Je n'aime pas garder les enfants.*
2. faire la cuisine
3. chanter en classe
4. passer le week-end chez moi
5. faire la grasse matinée

## D  j'adore ça!

1. Elle patine. Elle adore ça!
   ▶ *Elle adore patiner!*
2. Elles achètent des disques. Elles adorent ça!
3. Il fait de la gymnastique. Il adore ça!
4. Nous dansons. Nous adorons ça!
5. Simon mange une bonne pizza. Il adore ça!
6. J'aide le professeur. J'adore ça!
7. Adèle parle français. Elle adore ça!
8. Ils font de la natation. Ils adorent ça!

## E  fais ton choix!

Est-ce que tu préfères…
1. faire de la photo ou faire du sport?
   ▶ *Je préfère faire de la photo.*
   ou
   ▶ *Je préfère faire du sport.*
2. raconter des histoires ou écouter des histoires?
3. aller à une danse ou aller à un match de basket-ball?
4. prendre le métro ou prendre l'autobus?
5. faire une promenade ou faire du jogging?
6. dîner à la maison ou dîner au restaurant?

## F du présent au passé!

Mets les phrases suivantes au passé composé!

1. Je rencontre le directeur dans la cour.
   ▶ *J'ai rencontré le directeur dans la cour.*
2. Il danse avec Jacqueline.
3. Nous gardons les enfants de nos voisins.
4. Ils passent une semaine à Saint-Donat.
5. Vous aidez vos parents, n'est-ce pas?
6. Qu'est-ce que tu fais ce matin?
7. Elles organisent un voyage à Québec.
8. Samedi, je commence mes leçons de piano.

## G aujourd'hui, hier et demain!

1. je/travailler en ville
   ▶ *Je travaille en ville.*
   ▶ *J'ai travaillé en ville.*
   ▶ *Je vais travailler en ville.*
2. il/aider ses parents
3. nous/regarder la télé
4. ils/raconter l'histoire
5. tu/détester ce film
6. je/faire la vaisselle

## H absolument pas!

Mets les phrases suivantes à la négative!

1. J'ai aimé ce film.
   ▶ *Je n'ai pas aimé ce film.*
2. Il a fait cette pizza.
3. Elles ont organisé ce groupe rock.
4. J'ai cassé le tourne-disque!
5. Il va programmer son ordinateur.
   ▶ *Il ne va pas programmer son ordinateur.*
6. Tu vas raconter toute l'histoire?
7. Vous allez faire du camping?
8. Nous allons descendre à la plage.

## I au pluriel, s'il te plaît!

1. J'espère finir bientôt.
   ▶ *Nous espérons finir bientôt.*
2. Est-ce que tu vas attendre Marie?
3. Il a cassé ça!
4. Qu'est-ce que tu as fait?
5. Elle aime chanter.

## J au singulier, s'il te plaît!

1. Nous commençons à midi.
   ▶ *Je commence à midi.*
2. Vous préférez dîner ici?
3. Qu'est-ce qu'ils vont faire?
4. Nous avons rencontré Paulette.
5. Vous avez fait de la photo?

## K la question, s'il te plaît!

Choisis une expression interrogative de la liste, puis pose une question pour chaque réponse!

> est-ce que,  qu'est-ce que,
> qui,  où,  quand,  pourquoi,
> comment,  à quelle heure

1. Oui, elle aime patiner.
   ▶ *Est-ce qu'elle aime patiner?*
2. J'espère aller <u>à la danse</u>.
3. Nous allons acheter <u>de la glace au chocolat</u>.
4. J'aime jouer au tennis <u>parce que pour moi, c'est facile</u>!
5. Elles vont aller à Paris <u>en avion</u>.
6. J'ai fait du ski <u>hier</u>.
7. Ils ont quitté la maison <u>à huit heures</u>.
8. <u>Marianne</u> a cassé la bouteille.

## LANGUAGE

- the past tense of verbs like *finir*
- the past tense of verbs like *vendre*
- the past tense of verbs like *prendre*

## COMMUNICATION

- talking about what you have done
- describing past events

## SITUATION

- "famous firsts" in history

107

# le premier hôtel

# vocabulaire

## masculin

| | |
|---|---|
| un beignet | *doughnut* |
| un bruit | *noise* |
| un calendrier | *calendar* |
| un dinosaure | *dinosaur* |
| un étage | *storey, floor (of a building)* |
| un feu (des feu<u>x</u>) | *traffic light* |
| un rendez-vous | *date* |
| un système | *system* |
| un voisin | *neighbour* |

## féminin

| | |
|---|---|
| une invention | *invention* |
| une page | *page* |
| une voisine | *neighbour* |

## verbes

| | |
|---|---|
| apprendre* | *to learn* |
| comprendre* | *to understand* |
| entendre | *to hear* |
| inventer | *to invent* |
| penser | *to think* |
| perdre | *to lose* |

## adjectif

| | |
|---|---|
| dernier, dernière† | *last, final* |

## expression

| | |
|---|---|
| encore une fois | *once more, again* |

\*comme *prendre*
†précède le nom

# entre nous

1. Quand est-ce que les classes ont fini hier?
2. Est-ce que tu as choisi un livre à la bibliothèque cette semaine? Comment s'appelle le livre?
3. Est-ce que tu as fait du sport cette semaine? Est-ce que tu as gagné ou est-ce que tu as perdu?
4. Est-ce que tu as entendu une bonne chanson cette semaine? Quelle chanson?
5. Combien de pages y a-t-il dans ton livre de français?
6. Combien d'étages y a-t-il dans ton école?
7. Est-ce que tu as appris le système du passé composé?
8. Est-ce que tu as compris toutes ces questions?

# j'observe!

## le passé composé des verbes comme *finir*

| à l'affirmative | à la négative |
|---|---|
| j'ai fini* | je n'ai pas fini* |
| tu as fini | tu n'as pas fini |
| il a fini | il n'a pas fini |
| elle a fini | elle n'a pas fini |
| nous avons fini | nous n'avons pas fini |
| vous avez fini | vous n'avez pas fini |
| ils ont fini | ils n'ont pas fini |
| elles ont fini | elles n'ont pas fini |

*I finished, I have finished,   *I have not finished,
 I did finish                     I did not finish

| l'infinitif | le participe passé |
|---|---|
| finir ⟶ | fini |
| choisir ⟶ | choisi |
| réfléchir ⟶ | réfléchi |

Quand est-ce que tu as choisi cette nouvelle
  voiture?
J'ai fini mes maths, mais je n'ai pas fini mes
  autres devoirs.
Qui a choisi ce livre sur la musique rock?
Elle n'a pas réfléchi aux questions.

## le passé composé des verbes comme *vendre*

| à l'affirmative | à la négative |
|---|---|
| j'ai vendu* | je n'ai pas vendu* |
| tu as vendu | tu n'as pas vendu |
| il a vendu | il n'a pas vendu |
| elle a vendu | elle n'a pas vendu |
| nous avons vendu | nous n'avons pas vendu |
| vous avez vendu | vous n'avez pas vendu |
| ils ont vendu | ils n'ont pas vendu |
| elles ont vendu | elles n'ont pas vendu |

*I sold, I have sold,   *I have not sold,
 I did sell              I did not sell

| l'infinitif | le participe passé |
|---|---|
| vendre ⟶ | vendu |
| attendre ⟶ | attendu |
| entendre ⟶ | entendu |
| perdre ⟶ | perdu |
| répondre ⟶ | répondu |

Pourquoi est-ce que tu as vendu ta moto?
Ils ont entendu une très belle chanson.
Elle n'a pas répondu à ma lettre.
Vous n'avez pas entendu?

## le passé composé des verbes comme *prendre*

| à l'affirmative | à la négative |
|---|---|
| j'ai pris* | je n'ai pas pris* |
| tu as pris | tu n'as pas pris |
| il a pris | il n'a pas pris |
| elle a pris | elle n'a pas pris |
| nous avons pris | nous n'avons pas pris |
| vous avez pris | vous n'avez pas pris |
| ils ont pris | ils n'ont pas pris |
| elles ont pris | elles n'ont pas pris |

*I took, I have taken,   *I have not taken,
 I did take               I did not take

| l'infinitif | le participe passé |
|---|---|
| prendre ⟶ | pris |
| apprendre ⟶ | appris |
| comprendre ⟶ | compris |

Qui a pris mon stylo rouge?
Où est-ce que tu as appris ça?
Elle a compris le passé composé.
Je n'ai pas pris l'autobus ce matin.
Vous n'avez pas appris son secret?

# mini-dialogues

## A   un bon choix! ••

– Alors, tu as vendu ta **guitare?**
– Oui, j'ai acheté un **piano.**
– Chouette! Qu'est-ce que tu as choisi?
– **Un Steinway.**
– C'est un excellent choix!

1. bicyclette
   moto
   une Kawasaki

2. moto
   voiture
   une Firebird

3. camionnette
   voiture de sport
   une Jaguar

4. magnétophone
   stéréo
   un Sony

## B   les excuses ••

– Est-ce que tu as fini **ton français?**
– Non, je n'ai pas fini **l'exercice M.**
– Pourquoi pas?
– Parce que je suis **fatigué!**

1. ton dîner
   mon dessert
   en retard

2. tes devoirs
   le dernier exercice
   malade

3. le test
   la dernière question
   trop nerveux

4. le livre
   la dernière page
   trop occupé

## C   objets perdus ••

– J'ai perdu mes **billets de concert!**
– Ah, non! Tu as cherché dans **le salon?**
– Mais naturellement!

1. lunettes
   ce tiroir

2. montre
   la salle de bains

3. bicyclette
   le garage

4. parapluie
   ta chambre

## D   les voyages ••

– Alors, **tu** as fait un voyage à **Vancouver?**
– Oui, c'est ça.
– En avion?
– Non, j'ai pris **ma voiture.**

1. Serge
   Montréal
   l'autobus

2. les Champlain
   Paris
   le bateau

3. tu
   Winnipeg
   le train

4. vous
   Charlottetown
   notre auto

# allons-y!

## A enfin!

1. la classe

   ▶ *La classe a fini*
      *à trois heures et demie.*

3. le test

5. la danse

2. le concert

4. le film

6. le match

## B bonne fête, Richard!

C'est l'anniversaire de Richard. Tout le monde a acheté des cadeaux. Qu'est-ce qu'ils ont choisi?

3. Ses parents ... .

5. Ses voisins ... .

1. Sa soeur ... .

   ▶ *Sa soeur a choisi une cassette.*

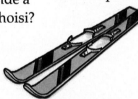

4. Son copain ... .

2. Son frère ... .

6. Et moi, j'... !

## C objets perdus!

Fais des phrases!

1. M. Dufour ... .
   ▶ *M. Dufour a perdu un parapluie.*
2. Mme Leclair ... .
3. J'... .
4. Tu ... .
5. Les enfants ... .
6. Vous ... .
7. René ... .
8. Marie-Claire ... .

OBJETS PERDUS

## D  la création des phrases!

Fais des phrases logiques!

| | | |
|---|---|---|
| J'ai | | un peu de français en classe |
| Est-ce que tu as | | les questions du professeur |
| Il a | pris | l'autobus |
| Elle a | appris | mon stylo rouge |
| Nous avons | compris | toute la leçon |
| Est-ce que vous avez | | l'alphabet français |
| Ils ont | | l'histoire |
| Elles ont | | des vacances en juin |

## E  quel verbe? quelle forme?

Choisis le bon verbe, puis fais des phrases au passé composé!

1. Georges a (acheter/entendre) une boîte de beignets.
   ▶ *Georges a acheté une boîte de beignets.*
2. Zut! Notre équipe a (choisir/perdre) encore une fois!
3. Est-ce que tu as (comprendre/vendre) la question?
4. Les frères Wright ont (attendre/inventer) l'avion.
5. Nous avons (entendre/casser) un bruit horrible!
6. Qui a (prendre/manger) mon nouveau disque?
7. Est-ce que vous avez (choisir/habiter) au cinquième étage?
8. Enfin! J'ai (apprendre/chanter) le système!
9. J'ai (téléphoner/penser) chez toi, mais tu n'as pas (trouver/répondre).
10. Ils n'ont pas (passer/danser) le week-end à Montréal. Ils ont (finir/perdre) leurs billets de train!

## F  où habitent-ils?

| | |
|---|---|
| Mme Bertrand | 437 |
| M. Boisvert | 341 |
| M. et Mme Boivin | 518 |
| M. et Mme Bruneau | 710 |
| M. Chartrand | 676 |
| Mlle Cormier | 1039 |
| Mlle Coudert | 226 |
| Mme Dubé | 916 |
| M. et Mme Dupont | 802 |
| M. et Mme Dupuis | 153 |

▶ *Elle habite au quatrième étage.*

115

# bon voyage!

## A les questions sont importantes!

Pose des questions au passé composé!

1. qu'est-ce que/vous/choisir
   ▶ *Qu'est-ce que vous avez choisi?*
2. quand/il/téléphoner
3. où/elle/passer l'été
4. comment/vous/commencer
5. qui/ils/rencontrer

6. à quelle heure/il/finir
7. pourquoi/elles/perdre
8. où/tu/attendre
9. qu'est-ce que/elle/faire
10. qu'est-ce que/vous/apprendre

## B les nouvelles du sport

Voici les résultats d'une série de matchs de hockey.

Maintenant, tu annonces ces résultats à la radio!
▶ *Jeudi, les Canadiens ont quitté Montréal pour New York.*

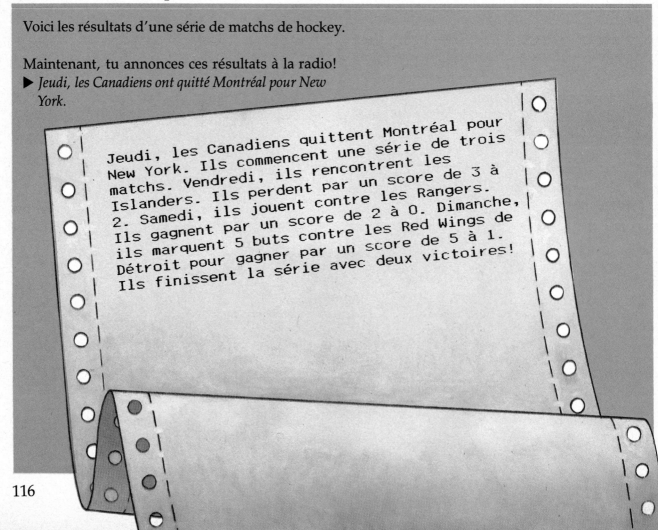

Jeudi, les Canadiens quittent Montréal pour New York. Ils commencent une série de trois matchs. Vendredi, ils rencontrent les Islanders. Ils perdent par un score de 3 à 2. Samedi, ils jouent contre les Rangers. Ils gagnent par un score de 2 à 0. Dimanche, ils marquent 5 buts contre les Red Wings de Détroit pour gagner par un score de 5 à 1. Ils finissent la série avec deux victoires!

## C quelles excuses!

1. Si le professeur demande: «Pourquoi es-tu en retard?», quelle excuse est-ce que tu vas choisir?»

   *Excuses possibles*
   «Mon réveil n'a pas sonné!»
   «J'ai manqué l'autobus!»
   «J'ai perdu mon billet d'autobus!»
   «Ma bicyclette est cassée!»
   «J'ai cassé ma montre!»

2. Si le professeur demande: «Pourquoi est-ce que tu n'as pas fait tes devoirs?», quelle excuse est-ce que tu vas choisir?

   *Excuses possibles*
   «J'ai cassé mes lunettes!»
   «Je n'ai pas compris les questions!»
   «J'ai perdu tous mes livres!»
   «J'ai prêté mon livre à Henri et il est absent aujourd'hui!»
   «J'ai oublié mon livre dans l'autobus!»
   «J'ai visité ma grand-mère. Elle est très malade!»
   «Le chien a mangé mon livre!»

## petit vocabulaire

| | |
|---|---|
| manquer | *to miss* |
| oublier | *to forget* |
| prêter | *to lend* |
| un réveil | *alarm clock* |
| sonner | *to ring* |

## D savoir-lire

| **français** | **anglais** |
|---|---|
| finir ⟶ | *to finish* |

Devine les mots en caractères gras!

1. Nous avons **investi** cent mille dollars dans ce film.
2. J'ai **servi** du rosbif pour le dîner.
3. Est-ce que leurs fans ont **applaudi**?
4. La banque n'a pas **garanti** son chèque.
5. Qui a **consenti** à ça?
6. Bravo! Vous avez **accompli** l'impossible!

## E toi et moi!

### les détails, s'il te plaît!

Tu rentres en retard pour le dîner. Un de tes parents pose des questions. Ton partenaire joue ce rôle.
Après, changez de rôles!

– … ?
– Les classes ont fini à quatre heures.
– … ?
– Non, je n'ai pas quitté l'école tout de suite.
– … ?
– J'ai regardé un match de basket-ball au gymnase.
– … ?
– Notre équipe a joué contre l'école Laval.
– … ?
– Non, nous avons perdu.
– … !

# lisons! ᵔᵔ

# QUELLE INTRIGUE!

Le groupe rock *Sonsdâge* joue un concert dans un cabaret à Toronto. Pendant la pause, un grand homme aux cheveux blancs parle avec Marcelle, la guitariste du groupe.

**L'HOMME** – Mademoiselle, votre guitare a un son fantastique!

**MARCELLE** – Merci, monsieur. Elle est toute neuve — c'est une *Magnason*.

**L'HOMME** – Mon fils adore la musique! Il a cherché partout, mais impossible de trouver une *Magnason* à Toronto!

**MARCELLE** – C'est vrai, monsieur. La *Magnason* est fabriquée seulement par la compagnie *Techni-Qualité* à New York.

**L'HOMME** – Mademoiselle, est-ce que votre *Magnason* est à vendre?

**MARCELLE** – Je regrette, monsieur, mais…

**L'HOMME** – …Pour cinq mille dollars?

**MARCELLE** – Désolée, mais la réponse, c'est non!

L'homme quitte le cabaret. Après le concert, Marcelle raconte son histoire au groupe…

**ANTOINE** – Cinq mille dollars? Il est fou?

**GEORGETTE** – C'est bizarre, n'est-ce pas? Toi, tu as payé seulement deux mille dollars!

**VICTOR** – …Eh bien, vous êtes prêts? Nous partons tout de suite pour Ottawa!

118

Plus tard, sur l'autoroute...

GEORGETTE – Il y a une voiture noire derrière
la camionnette!

VICTOR – Et alors?

GEORGETTE – Elle est là depuis Toronto!

ANTOINE – ...Elle est à côté de nous
maintenant!

MARCELLE – ...Mais c'est l'homme du cabaret!

VICTOR – Attention, Georgette! Il essaie
de bloquer la route!

à suivre...

## petit vocabulaire

| | |
|---|---|
| une autoroute | *highway* |
| aux cheveux blancs | *with white hair* |
| à vendre | *for sale* |
| désolée | *sorry* |
| fabriquée | *manufactured, made* |
| il essaie de | *he is trying to* |
| nous partons | *we are leaving* |
| partout | *everywhere* |
| une pause | *break; intermission* |
| prêts | *ready* |
| un son | *sound* |
| toute neuve | *brand new* |

## *vrai* ou *faux?*

1. Le groupe *Sonsdâge* joue un concert
   à New York.
2. Un homme aux cheveux blancs parle
   avec Marcelle.
3. Marcelle est la pianiste du groupe.
4. Sa *Magnason* a un son fantastique.
5. La guitare est fabriquée par la compagnie
   *Techni-Couleur.*
6. Marcelle vend sa guitare à l'homme.

## questions

1. Combien est-ce que l'homme offre pour
   la guitare?
2. Combien est-ce que Marcelle a payé?
3. Où est-ce que le groupe va maintenant?
4. Qu'est-ce qu'il y a derrière la camionnette?
5. Qui est dans la voiture?
6. Qu'est-ce qu'il essaie de faire?

# Bienvenue au MAROC!

Mon nom, c'est Ali Hasan. Je suis marocain et j'habite à Rabat, la capitale de ce pays de l'Afrique du nord.

Chez moi, nous parlons arabe, la langue officielle. Mais à l'école, j'étudie le français, la langue du travail.

En arabe, le Maroc s'appelle Al-Maghrib al-Aqsa — le pays du soleil couchant.

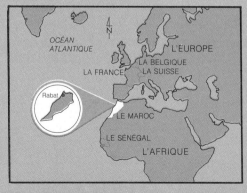

OCÉAN
ATLANTIQUE
L'EUROPE
LA BELGIQUE
LA FRANCE    LA SUISSE
Rabat
LE MAROC
LE SÉNÉGAL
L'AFRIQUE

Une ville marocaine.

Le tissage à Casablanca.

120

Attention aux chameaux!

Marrakech: la célèbre mosquée de Koutoubia.

Des teinturiers de laine à Fez.

121

# je me souviens!

## le verbe *être*

| formes affirmatives | | formes négatives | |
|---|---|---|---|
| je suis | nous sommes | je ne suis pas | nous ne sommes pas |
| tu es | vous êtes | tu n'es pas | vous n'êtes pas |
| il est | ils sont | il n'est pas | ils ne sont pas |
| elle est | elles sont | elle n'est pas | elles ne sont pas |

## le verbe *être*, s'il te plaît!

1. Les Laurentides ... vraiment belles!
2. C'... un excellent système!
3. Ah, bon! Nous ne ... pas en retard ce matin.
4. Vous ... de Québec?
5. Nos voisins ... à Montréal.
6. Qui ... ton prof de français?
7. Non, je ne ... pas occupé.
8. Pourquoi ...-tu nerveux?

## les adjectifs réguliers

| singulier | pluriel |
|---|---|
| Il est petit. | Ils sont petits. |
| Elle est petite. | Elles sont petites. |
| Il est triste. | Ils sont tristes. |
| Elle est fatiguée. | Elles sont fatiguées. |

## vive les adjectifs!

Fais des phrases avec chaque nom et la forme correcte de l'adjectif!

1. vert: un chapeau/une auto/des chandails/
   des robes
   ▶ *C'est un chapeau vert.*
   *C'est une auto verte.*
   *Ce sont des chandails verts.*
   *Ce sont des robes vertes.*

2. content: un garçon/une copine/des amis/
   des voisines
3. occupé: un acteur/une chanteuse/
   des coiffeurs/des directrices
4. facile: un exercice/une leçon/des jeux/
   des questions

## LANGUAGE

- the past tense of verbs like *arriver*
- the past tense of verbs like *sortir*
- the past tense of *descendre*

## COMMUNICATION

- talking about where you have gone and what you have done
- describing past events

## SITUATION

- a detective story

123

# Aventure à Bagdad!

Carla Caravelle est détective à Montréal. Un jour, Alphonse de Lafortune entre dans son bureau…

**LAFORTUNE** – Mademoiselle Caravelle est rentrée de Tokyo, n'est-ce pas? C'est urgent!

**LE SECRÉTAIRE** – Oui, monsieur, elle est arrivée ce matin.

**CARLA** – Ah, monsieur de Lafortune! Vous avez téléphoné. …Qu'est-ce qu'il y a?

**LAFORTUNE** – Quelqu'un a volé la *Flamme Bleue*!

**CARLA** – Votre célèbre diamant?! Mais qui…?

**LAFORTUNE** – *Le Loup*!

**CARLA** – *Le Loup*?! Ce n'est pas possible!

**LAFORTUNE** – Si, si! Il a laissé sa carte. …Voilà!

**CARLA** – Mais comment est-ce qu'il est entré chez vous?

**LAFORTUNE** – Selon la police, il est monté sur le toit…

Puis, il est entré dans l'appartement par une fenêtre.

Il a pris le diamant et il est parti. Imaginez! Il est sorti par la porte et il est descendu par l'ascenseur!

CARLA – Il a travaillé avec son frère, sans doute! …Et ils ne sont pas restés à Montréal!

LAFORTUNE – Quoi? Mais où est-ce qu'ils sont allés?

CARLA – Ils sont retournés à Bagdad!

LAFORTUNE – À Bagdad?! Pourquoi?

CARLA – Pour vendre le diamant, naturellement!

LAFORTUNE – Mon Dieu!

CARLA – Pas de problème! Mon avion attend toujours à l'aéroport…

UNE SEMAINE PLUS TARD...

CARLA – Voilà, monsieur! …La *Flamme Bleue*!

LAFORTUNE – Mais, c'est incroyable! Comment est-ce que vous avez…?

Le Renard

CARLA – Ça, c'est facile. Cette fois le loup a rencontré le renard!

# le va-et-vient

Henri est entré dans l'école.

Colette est tombée de sa bicyclette.

Mlle Cormier est montée par l'ascenseur.

Julie et sa soeur sont parties pour la plage.

Alain et Louis sont sortis avec Christian.

Les Monet sont retournés à Paris.

# vocabulaire

## masculin

| | |
|---|---|
| un détective | *detective* |
| un diamant | *diamond* |
| un loup | *wolf* |
| un renard | *fox* |
| un secrétaire | *secretary* |
| un toit | *roof* |

## féminin

| | |
|---|---|
| une fenêtre | *window* |
| la police | *police* |
| une secrétaire | *secretary* |

## verbes

| | |
|---|---|
| entrer (dans) | *to enter, to go in(to)* |
| laisser | *to leave (something) behind* |
| monter | *to go up; to come up* |
| partir | *to leave* |
| retourner | *to return, to go back to* |
| sortir | *to go out* |
| voler | *to steal* |

## adjectifs

| | |
|---|---|
| célèbre* | *famous* |
| urgent, urgente | *urgent* |

## prépositions

| | |
|---|---|
| par | *by; through* |
| pour | *in order to* |

## expressions

| | |
|---|---|
| par l'ascenseur | *by (the) elevator* |
| qu'est-ce qu'il y a? | *what's the matter?* |
| sans doute | *no doubt* |

*précède le nom

# je comprends!

## questions

1. Qui est Carla Caravelle?
2. Comment s'appelle le diamant de M. de Lafortune?
3. Qui a volé le diamant?
4. Qu'est-ce qu'il a laissé?
5. Comment est-ce qu'il est entré dans l'appartement?
6. Comment est-ce qu'il est descendu?
7. Avec qui est-ce qu'il a travaillé?
8. Où est-ce qu'ils sont allés? Pourquoi?
9. Où est-ce que Carla est allée?
10. Quand est-ce qu'elle est rentrée?
11. Qu'est-ce qu'elle a donné à M. de Lafortune?
12. Qui est-ce que *Le Loup* a rencontré cette fois?

# entre nous

1. À quelle heure est-ce que tu es parti(e) pour l'école ce matin?
2. À quelle heure est-ce que tu es arrivé(e) à l'école?
3. À quelle heure est-ce que tu es rentré(e) après les classes hier?
4. Où est-ce que tu es allé(e) hier soir? le week-end passé? l'été passé?
5. Avec qui est-ce que tu es sorti(e) le week-end passé? Où est-ce que vous êtes allé(e)s?

# j'observe!

## le passé composé des verbes avec *être*

| les verbes en *-er* | | les verbes en *-ir* | | les verbes en *-re* | |
|---|---|---|---|---|---|
| **l'infinitif** | **le participe passé** | **l'infinitif** | **le participe passé** | **l'infinitif** | **le participe passé** |
| aller ⟶ | allé | partir ⟶ | parti | descendre ⟶ | descendu |
| arriver ⟶ | arrivé | sortir ⟶ | sorti | | |
| entrer ⟶ | entré | | | | |
| monter ⟶ | monté | | | | |
| rester ⟶ | resté | | | | |
| tomber ⟶ | tombé | | | | |
| rentrer ⟶ | rentré | | | | |
| retourner ⟶ | retourné | | | | |

| **arriver** | **partir** | **descendre** |
|---|---|---|
| je suis arrivé(e)* | je suis parti(e)* | je suis descendu(e)* |
| tu es arrivé(e) | tu es parti(e) | tu es descendu(e) |
| il est arrivé | il est parti | il est descendu |
| elle est arrivée | elle est partie | elle est descendue |
| nous sommes arrivé(e)s | nous sommes parti(e)s | nous sommes descendu(e)s |
| vous êtes arrivé(e)(s) | vous êtes parti(e)(s) | vous êtes descendu(e)(s) |
| ils sont arrivés | ils sont partis | ils sont descendus |
| elles sont arrivées | elles sont parties | elles sont descendues |

| | | |
|---|---|---|
| *I arrived, I have arrived, I did arrive* | *I left, I did leave* | *I went down, I have gone down, I did go down* |

---

le passé composé = le présent du verbe *être* + le participe passé du verbe

---

Est-ce que tu es allé en ville hier?  
Je ne suis pas monté par l'ascenseur.  
Où est-ce qu'elle est tombée?  
Ils ne sont pas restés chez moi.

Elles sont rentrées en retard.  
Nous sommes partis à midi.  
Quand est-ce qu'ils sont sortis?  
Elle n'est pas descendue à la plage.

## le participe passé des verbes avec *être*

Compare:

| **l'adjectif** | **le participe passé** |
|---|---|
| Il est grand. | Il est arrivé. |
| Elle est grande. | Elle est arrivée. |
| Ils sont grands. | Ils sont arrivés. |
| Elles sont grandes. | Elles sont arrivées. |

128

# mini-dialogues

## A  comme toujours! ••

– Quand est-ce que tu es **parti pour l'école**?
– À **neuf heures moins dix**.
– Alors, tu es arrivé en retard?
– Comme toujours!

1. aller chez le coiffeur
   2 h 15
2. retourner à Edmonton
   5 h 30
3. rentrer chez toi
   11 h 20
4. arriver au bureau
   9 h 45

## B  les vacances ••

– Alors, **tu** n'es pas resté ici pendant
  les vacances?
– Non, je suis allé à **Miami**.
– Quand est-ce que tu es rentré?
– **Hier**.

1. M. Lecomte
   Paris
   la semaine passée
2. ta mère
   Montréal
   hier matin
3. les Dubé
   Rome
   vendredi passé
4. tu
   Madrid
   ce matin
5. Pierrette et Anne
   Tahiti
   jeudi soir
6. vous
   New York
   hier soir

## C  les absences ••

– Est-ce que **Fabienne** est là?
– Non, elle est allée **au centre d'achats**.
– Quand est-ce qu'elle est partie?
– **Après les classes.**

1. ta soeur
   à l'aéroport
   à midi
2. tes parents
   à la bibliothèque
   après le dîner
3. Jules
   à sa leçon de guitare
   vers cinq heures
4. Véronique et Claudette
   à Saint-Donat
   hier soir

## D  les sorties ••

– **M. Renoir** n'est pas au bureau?
– Non, il est sorti.
– Où est-ce qu'il est allé?
– Il est **descendu au restaurant**.

1. les détectives
   rentrer à la maison
2. Mme Coudert
   descendre en ville
3. les secrétaires
   aller à la cafétéria
4. Mlle Caravelle
   partir pour Bagdad

# allons-y!

## A  choisis bien!

Complète chaque phrase avec *il, elle, ils* ou *elles*
et le verbe *être*!

1. … arrivé en retard.
   ▶ *Il est arrivé en retard.*
2. … allés en ville.
3. … entrés dans le bureau.
4. … montées au cinquième étage.
5. … restée chez elle.

6. … tombé de sa moto.
7. … retournée à Tokyo.
8. … sortis vers deux heures.
9. … parties pour Montréal.
10. … descendu par l'ascenseur.

## B  vocabulaire en images

Où est-ce que tout le monde est allé?

1. Je

▶ *Je suis allé(e) au restaurant.*

2. Adèle

3. Nos voisins

4. Est-ce que tu

5. Nous

6. Anne et Micheline

7. Est-ce que vous

9. La secrétaire

8. Luc et Martin

10. Le détective

## C les départs

Quand est-ce que tout le monde est parti?

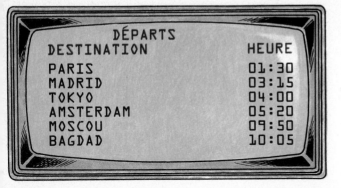

| DÉPARTS | |
|---|---|
| DESTINATION | HEURE |
| PARIS | 01:30 |
| MADRID | 03:15 |
| TOKYO | 04:00 |
| AMSTERDAM | 05:20 |
| MOSCOU | 09:50 |
| BAGDAD | 10:05 |

1. Les Favrod sont allés à Paris.
   ▶ *Ils sont partis à une heure et demie.*
2. Les Garcia sont allés à Madrid.
3. M. Funamoto est allé à Tokyo.
4. Mme Wagenaar et sa fille sont allées à Amsterdam.
5. M. Smirnoff et son frère sont allés à Moscou.
6. Carla Caravelle est allée à Bagdad.

## D le journal du *Loup*

Complète les phrases avec *j'ai* ou *je suis*!

1. ... arrivé chez M. de Lafortune vers minuit.
2. ... monté sur le toit.
3. ... entré dans l'appartement par une fenêtre.
4. ... pris le diamant.
5. ... laissé ma carte.
6. ... sorti par la porte.
7. ... descendu par l'ascenseur.
8. ... rencontré mon frère dans la rue.
9. ... parti très vite!
10. ... retourné à Bagdad!

## E *monter* ou *descendre*?

1. Mme Beaupré ↓
   ▶ *Elle est descendue.*
2. le dentiste ↑
   ▶ *Il est monté.*
3. les employés ↑
4. M. de Lafortune ↓
5. je ↓
6. vous ↑
7. nous ↓
8. tu ↑

## F au contraire!

Fais des dialogues!

1. tu/sortir hier soir
   ▶ – *Alors, tu es sorti hier soir?*
   – *Non, je ne suis pas sorti hier soir.*
2. il/arriver en retard
3. vous/rester à la maison
4. elles/partir pour Windsor
5. tu/descendre en ville
6. elle/retourner à son bureau

# bon voyage!

## A  l'agence de voyages

Fais des dialogues!

| AGENCE DE VOYAGES *CARROUSEL* | | |
|---|---|---|
| NOM | DESTINATION | DATES |
| M. Verlaine | Rome | du 5 juin au 19 juin |
| Mme Marchand | Montréal | du 10 juin au 17 juin |
| Les Pernod | Vancouver | du 15 juin au 22 juin |
| M. Roland | Genève | du 16 juin au 30 juin |
| Mlle Caravelle | Bagdad | du 20 juin au 27 juin |

▶ – *Où est-ce que M. Verlaine est allé?*
– *À Rome.*
– *Quand est-ce qu'il est parti?*
– *Le 5 juin.*
– *Et quand est-ce qu'il est rentré?*
– *Le 19 juin.*
– *Alors, il est resté deux semaines?*
– *C'est ça.*

## B  bonne fête!

Quand est-ce que...

1. Napoléon Bonaparte est né? (le 15 août 1769)
   ▶ *Il est né le 15 août, mil sept cent soixante-neuf.*
2. Alexander Graham Bell est né? (le 3 mars 1847)
3. Laura Secord est née? (le 13 septembre 1775)
4. Sir John A. Macdonald est né? (le 11 janvier 1815)
5. Marie Curie est née? (le 7 novembre 1867)
6. tu es né(e)?

## C  savoir-lire

| français | anglais |
|---|---|
| secrétaire ⟶ | *secretary* |
| documentaire ⟶ | *documentary* |

Devine les mots en caractères gras!

1. J'ai besoin d'un **dictionnaire** français-anglais.
2. Il n'y a pas de **glossaire** dans ce livre.
3. Quel est le **salaire** de cet employé?
4. Leurs enfants vont à l'école **secondaire** Lasalle.
5. Est-ce que tout ce bruit est **nécessaire**?
6. Voilà une voiture de sport **extraordinaire**!

132

## D toi et moi!

### vive Toronto!

Tu es allé(e) à Toronto. Ton ami(e) pose
des questions sur le voyage.
Après, changez de rôles!

– … ?
– Je suis allé(e) à Toronto.
– … ?
– Je suis parti(e) vendredi soir.
– … ?
– Je suis allé(e) avec mes parents.
– … ?
– Nous sommes montés à la tour CN et
  nous avons visité le Centre des Sciences.
– … ?
– Je suis rentré(e) dimanche soir.

## E les notes de Carla

Fais le rapport sur *Le Loup* et son frère!
▶ *Ils sont allés à Bagdad en avion.*

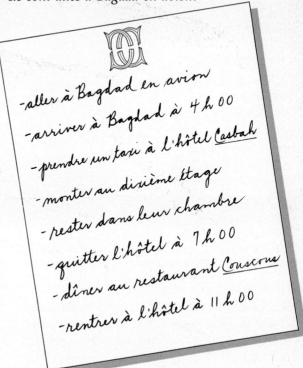

- aller à Bagdad en avion
- arriver à Bagdad à 4 h 00
- prendre un taxi à l'hôtel Casbah
- monter au dixième étage
- rester dans leur chambre
- quitter l'hôtel à 7 h 00
- dîner au restaurant Couscous
- rentrer à l'hôtel à 11 h 00

# perspectives

## la famille des langues

Il y a 3000 langues dans le monde! Toutes ces
langues sont divisées en familles. De ces
familles, la plus grande est la famille des langues
d'Europe.

Dans chaque famille, les langues ont
naturellement beaucoup de similarités. Voici
quelques exemples:

| anglais | allemand | italien | espagnol | portugais | français | grec |
|---------|----------|---------|----------|-----------|----------|------|
| mother | Mutter | madre | madre | mãe | mère | meter |
| father | Vater | padre | padre | pai | père | pater |

# QUELLE INTRIGUE!

Georgette accélère.
C'est la grande chasse!
Tout à coup, les jeunes
entendent des sirènes.
C'est la police. Georgette
arrête la camionnette,
mais la voiture noire
continue tout droit.

Plus tard, à Ottawa…

GEORGETTE – Enfin! Voilà l'hôtel!
MARCELLE – Mais, regardez dans le parking!
VICTOR – Ah, non! C'est la voiture noire!
ANTOINE – Qu'est-ce que nous allons faire?
MARCELLE – Allons au poste de police! J'ai
une idée!

Les quatre amis entrent dans le poste de police
avec la guitare de Marcelle. Marcelle parle avec
un inspecteur. Il examine la guitare. Puis, à la
grande horreur de Marcelle, il frappe la guitare
contre le mur! Dans un compartiment secret, il
trouve deux feuilles de papier!

L'INSPECTEUR – Aha! C'est une sorte de code!
ANTOINE – Pas exactement. C'est un
programme d'ordinateur!
L'INSPECTEUR – Vous avez raison! Notre équipe
d'experts va examiner le
programme tout de suite!
MARCELLE – …Mais, ma guitare!

Une heure plus tard…

L'INSPECTEUR – …Et voilà! Avec ce programme, il est possible de pénétrer dans l'ordinateur central de la plus grande banque du Canada!

GEORGETTE – …Et de voler des millions de dollars!

MARCELLE – …Mais, ma guitare!

L'INSPECTEUR – Justement! Un employé à *Techni-Qualité* a caché le programme dans votre guitare!

ANTOINE – …Et son complice est dans le parking de notre hôtel!

L'INSPECTEUR – C'est ça! Mes hommes sont déjà là! L'affaire est réglée—tout est en ordre!

MARCELLE – …Mais, ma guitare!

## petit vocabulaire

| | |
|---|---|
| arrêter | *to stop* |
| cacher | *to hide* |
| une chasse | *chase* |
| un complice | *accomplice* |
| contre | *against* |
| une feuille de papier | *sheet of paper* |
| frapper | *to smash* |
| justement | *exactly* |
| la plus grande banque | *the biggest bank* |
| un mur | *wall* |
| un poste de police | *police station* |
| réglée | *settled* |
| voler | *to steal* |

## *vrai* ou *faux?*

1. Georgette accélère.
2. Les jeunes entendent de la musique.
3. Georgette arrête la voiture noire.
4. La voiture noire est dans le parking de l'hôtel.
5. Les amis vont au bureau de poste.
6. Un inspecteur examine la guitare.
7. Il frappe la guitare sur le plancher.
8. Marcelle est très contente.

## questions

1. Qu'est-ce qu'il y a dans la guitare?
2. Qu'est-ce qu'il y a sur les feuilles de papier?
3. Qui va examiner le programme?
4. Qu'est-ce qu'il est possible de faire avec ce programme? (deux choses)
5. Qui a caché le programme dans la guitare?
6. Qui est son complice?
7. Où est-il?
8. Qui est là aussi?

## Le français dans le monde

# Bienvenue au SÉNÉGAL!

Je m'appelle Martine Lébou et je suis sénégalaise. Le Sénégal est situé dans l'ouest de l'Afrique.

Moi, je parle français, la langue officielle du pays. Beaucoup de Sénégalais parlent aussi l'ouolof.

J'habite à Dakar, la capitale du Sénégal. Dakar est un grand port sur l'océan Atlantique. Pour beaucoup de personnes, Dakar, c'est «le Paris de l'Afrique».

OCÉAN ATLANTIQUE

L'EUROPE

LA BELGIQUE

LA FRANCE    LA SUISSE

Dakar

LE MAROC

LE SÉNÉGAL

L'AFRIQUE

Une jeune mère sénégalaise.

Un village de l'intérieur du pays.

Deux copines sénégalaises.

L'art africain.

Le travail en plein air.

Un étalage de fruits.

137

## A  les associations

Quelles idées vont ensemble?

1. **un feu**            un bureau
2. un calendrier        une maison
3. une secrétaire       un goûter
4. une invention        des étages
5. des pages            la date
6. un toit              un livre
7. un beignet           un animal intelligent
8. un ascenseur         **des voitures**
9. un dinosaure         la radio
10. un renard           un animal préhistorique

## B  sois logique!

1. Il a (inventé/acheté) une boîte de beignets.
2. Enfin! J'ai (fini/volé) tous mes devoirs!
3. Est-ce que vous avez (vendu/perdu) une autre partie?
4. Nous avons (fait/compris) du ski encore une fois.
5. Elle n'a pas (appris/pris) le train à Winnipeg.
6. Je suis (entré/resté) par la porte.
7. Nous ne sommes pas (descendus/tombés) par l'ascenseur.
8. Ils sont (rentrés/partis) pour Montréal hier.
9. Est-ce qu'elle est (allée/tombée) de sa bicyclette?
10. À quelle heure est-ce que tu es (arrivé/sorti) chez toi?

## C  le participe passé, s'il te plaît!

1. danser ▶ *dansé*       6. sortir
2. choisir                7. descendre
3. répondre               8. prendre
4. aller                  9. laisser
5. faire                  10. comprendre

## D  *avoir* ou *être*?

1. Qui … inventé ce nouveau système?
   ▶ *Qui a inventé ce nouveau système?*
2. Il … monté au dixième étage.
   ▶ *Il est monté au dixième étage.*
3. Ils … partis pour Bagdad en avion.
4. Elle n'… pas fini la dernière page.
5. Où est-ce que tu … allé?
6. Vous … répondu à sa lettre?
7. Quand est-ce qu'elles … rentrées?
8. Je ne … pas descendu par l'ascenseur.
9. Ils n'… pas entendu tout ce bruit.
10. Qu'est-ce que tu … pensé de ça?

## E  la fête des phrases!

Fais des phrases au passé composé!

1. je/manger des beignets
   ▶ *J'ai mangé des beignets.*
2. elle/aller en ville
   ▶ *Elle est allée en ville.*
3. ils/dîner au restaurant
4. tu/choisir un beau cadeau
5. nous/perdre encore une fois
6. je/faire de la photo
7. vous/comprendre les questions
8. tu/arriver avant Pierre
9. nous/rester à la maison
10. vous/rentrer en retard
11. elles/sortir avec Guy
12. je/descendre à son bureau

## F  mais non!

Réponds à chaque question à la négative!

1. Est-ce que tu as demandé sa permission?
   ▶ *Non, je n'ai pas demandé sa permission.*
2. Est-ce que vous êtes arrivés en autobus?
   ▶ *Non, nous ne sommes pas arrivés en autobus.*
3. Est-ce qu'il a inventé ça?
4. Est-ce que tu as fini ce livre?
5. Est-ce que vous avez attendu Richard?
6. Est-ce qu'ils ont fait la vaisselle?
7. Est-ce que vous avez appris le système?
8. Est-ce que tu es monté à la tour?
9. Est-ce qu'ils sont partis pour Madrid?
10. Est-ce que vous êtes descendus en ville?

## G  mais pourquoi?

Pose des questions avec *pourquoi*!

1. Il a téléphoné au professeur.
   ▶ *Pourquoi est-ce qu'il a téléphoné au professeur?*
2. Je suis allé en ville.
   ▶ *Pourquoi est-ce que tu es allé en ville?*
3. Elle a choisi ce livre.
4. Ils ont vendu leur maison.
5. Nous avons perdu encore une fois.
6. Elle est montée par l'ascenseur.
7. Nous sommes restés à la maison.
8. Je suis retourné à Fredericton.
9. Ils sont sortis sans Paulette.
10. Il est descendu au cinquième étage.

## H  au singulier et au pluriel!

1. Il est allé à Tokyo.
   ▶ *Ils sont allés à Tokyo.*
2. Tu es resté chez Alain?
3. Je ne suis pas arrivé en retard.
4. Elle a compris les directions.
5. Nous avons visité North Bay.
   ▶ *J'ai visité North Bay.*
6. Vous avez passé un bon week-end?
7. Elles sont descendues en ville.
8. Vous êtes rentrés vers midi?

## A les associations

Quel verbe va avec chaque nom?

| | |
|---|---|
| 1. **la vaisselle** | danser |
| 2. une histoire | garder |
| 3. un ordinateur | passer |
| 4. du temps | prendre |
| 5. des vidéoclips | programmer |
| 6. le tango | taper |
| 7. des points | raconter |
| 8. une colline | regarder |
| 9. l'autobus | porter |
| 10. des enfants | descendre |
| 11. des lunettes | **faire** |
| 12. une lettre | marquer |

## B au contraire!

Quel est le contraire de chaque verbe?

| | |
|---|---|
| 1. **adorer** | vendre |
| 2. acheter | **détester** |
| 3. gagner | partir |
| 4. descendre | sortir |
| 5. arriver | finir |
| 6. entrer | monter |
| 7. quitter | perdre |
| 8. commencer | rester |

## C des exemples, s'il te plaît!

| | |
|---|---|
| 1. un acteur | 6. un monstre |
| 2. une actrice | 7. un pianiste |
| 3. un chanteur | 8. une tour |
| 4. une chanteuse | 9. un détective |
| 5. un film d'action | 10. une vedette |

## D les ensembles

Quelles idées vont ensemble?

| | |
|---|---|
| 1. **une paire** | de viande |
| 2. un kilo | de soupe |
| 3. un sac | de lait |
| 4. une boîte | de ketchup |
| 5. une bouteille | **de patins** |
| 6. un litre | d'oignons |

## E des phrases logiques, s'il te plaît!

1. Un guitariste a besoin de (beignets, détectives, talent, lunettes).
2. André ne regarde jamais les films d'horreur. Il a trop peur des (cascadeurs, monstres, vedettes, voisins)!
3. La musique? Voilà (mon passe-temps favori, mon histoire favorite, mon jeu favori, ma boîte favorite)!
4. Denise n'aime pas les sports. Elle préfère faire (du ski, de la raquette, de la photo, de la gymnastique).
5. Les Bruneau habitent au dixième étage. Ils montent à leur appartement (en avion, par l'ascenseur, à moto, en voiture).
6. Je déteste l'hiver. Il neige beaucoup, alors j'ai toujours (froid, chaud, tort, de la chance)!
7. Quand est-ce que vous avez (rencontré, entendu, raconté, lancé) cette histoire aux enfants?
8. Ils n'ont pas (appris, perdu, compris, pris) l'autobus ce matin.

## F  ah, les nombres!

Lis les phrases à haute voix!

1. Combien font 569 et 87?
2. Combien font 932 moins 650?
3. Il y a 1000 grammes dans un kilogramme.
4. René a marqué 2043 points!
5. Il y a 160 pages dans ce livre!
6. Marielle a 101 timbres français dans sa collection.
7. C'est le 1er juin.
8. Est-ce qu'ils habitent au 7e étage?
9. L'ascenseur monte au 9e étage.
10. Les Verlaine habitent au 5e étage.

## G  les expressions de quantité

Complète chaque phrase!

kilo, litre, sac, boîte, bouteille, paire, beaucoup, peu, assez, trop, combien

1. Pierre a acheté trois … coca pour la party.
   ▶ *Pierre a acheté trois bouteilles de coca pour la party.*
2. Il y a … touristes à Miami en hiver.
3. C'est combien un … glace au chocolat?
4. J'ai besoin d'une nouvelle … lacets pour mes patins.
5. – … argent as-tu?
   – Je n'ai pas … argent pour ce disque.
6. Il y a un … oignons sur le comptoir.
7. Papa a donné une … chocolats à maman.
8. J'ai très … temps libre. Je suis vraiment occupé!
9. Il va acheter deux … bananes au supermarché.
10. Quatre exercices?! Vous donnez … devoirs, monsieur!

## H  choisis bien!

Complète chaque phrase avec un adverbe de la liste!

beaucoup, bien, peu, trop, déjà souvent, assez, facilement

1. Où est Paulette? J'ai attendu une heure … !
2. J'adore les films, alors je vais … au cinéma.
3. Il pleut très … en hiver, mais il neige … .
4. Martin est sympa. Il fait des amis … .
5. Il chante très … ! J'ai tous ses disques.
6. Silence! C'est … ! Tu parles … !

## I  les options

Pose les questions de deux autres façons!

1. Ils aident leur mère?
   ▶ *Est-ce qu'ils aident leur mère?*
   ▶ *Aident-ils leur mère?*
2. Tu apprends un peu de français?
3. Elle chante bien?
4. Vous répondez en anglais?
5. Il choisit les lunettes rouges?
6. Nous commençons tout de suite?
7. Elle va au stade?
8. Ils font du ski?
9. Vous finissez bientôt?
10. Il y a trop de bruit?

## J  des détails, s'il te plaît!

Pose des questions avec *quel* et l'inversion!

1. Je programme un jeu.
   ▶ *Quel jeu programmes-tu?*
2. Il fait des exercices.
3. Elle apprend une danse.
4. Il raconte des histoires.
5. Nous rencontrons un acteur.
6. Je regarde des émissions.

## K  au présent!

Quel verbe? Quelle forme?

1. Je (préférer/espérer) l'été à l'hiver.
2. Ce n'est pas correct! Vous (être/avoir) tort!
3. Il (faire/prendre) souvent la cuisine.
4. Est-ce que tu (attendre/apprendre) le français à l'école?
5. Nous (lancer/organiser) un groupe rock bientôt.
6. Comme dessert, elle (réfléchir/choisir) toujours la glace au chocolat.
7. Où est-ce qu'ils (aller/avoir) ce week-end?
8. Vous ne (descendre/répondre) pas en ville aujourd'hui?
9. *Le Loup* (voler/manger) beaucoup de diamants.
10. Tu (rencontrer/raconter) toujours de bonnes histoires!

## L  quel infinitif?

1. j'aime ▶ *aimer*
2. nous finissons
3. elles attendent
4. tu casses
5. j'ai
6. vous êtes
7. elles font
8. nous prenons
9. il va
10. elle espère
11. nous mangeons
12. j'apprends
13. nous commençons
14. tu entends
15. elles achètent

## M  *oui* ou *non*?

1. Est-ce que tu aimes danser?
   ▶ *Oui, j'aime danser.*
   ou
   ▶ *Non, je n'aime pas danser.*
2. Est-ce que tu aimes faire la grasse matinée?
3. Est-ce que tu aimes étudier?
4. Est-ce que tu aimes faire la vaisselle?
5. Est-ce que tu aimes sortir avec tes copains?
6. Est-ce que tu aimes répondre à toutes ces questions?

## N  du présent au futur!

1. Je monte par l'ascenseur.
   ▶ *Je vais monter par l'ascenseur.*
2. Il organise une party.
3. Tu finis bientôt?
4. Nous ne vendons pas notre maison.
5. Je ne prends pas le métro.
6. Est-ce que vous faites de l'équitation?
7. Ils rencontrent des copains.
8. Je ne suis pas en retard.
9. Est-ce que vous apprenez le français?
10. Elle a besoin d'argent.

## O  quel participe passé?

1. chanter ▶ *chanté*
2. passer
3. choisir
4. entendre
5. descendre
6. partir
7. faire
8. comprendre
9. rentrer
10. répondre

## P  *avoir* ou *être*?

Complète chaque phrase!

1. Nous ... partis avant Marcelle.
2. Est-ce que tu ... cassé la fenêtre?
3. Qu'est-ce que vous ... fait hier?
4. Je ... allé chez Pierrette lundi.
5. Qui ... monté au deuxième étage?
6. Où est-ce que vous ... allés?
7. Il n'... pas gardé les enfants des Garneau.
8. Elle n'... pas entendu ta question.
9. Elles ... descendues par l'ascenseur.
10. Tu ... laissé ton livre chez moi.

## Q  aujourd'hui, demain et hier!

1. je/passer un bon week-end
   ▶ *Je passe un bon week-end.*
   ▶ *Je vais passer un bon week-end.*
   ▶ *J'ai passé un bon week-end.*
2. tu/finir ton dîner
3. nous/attendre une heure
4. vous/faire la vaisselle
5. elle/prendre sa leçon de guitare
6. ils/aller à Québec
7. nous/rester ici
8. elles/descendre en ville

## R  mais non!

Réponds à chaque question à la négative!

1. Es-tu de New York?
   ▶ *Non, je ne suis pas de New York.*
2. As-tu peur des insectes?
3. Va-t-il à Bagdad?
4. Est-ce qu'ils aiment faire la cuisine?
5. Est-ce qu'elle espère partir bientôt?
6. Est-ce que vous allez apprendre tout ça?
7. Est-ce que tu as perdu cet argent?
8. Est-ce qu'elles ont trouvé la solution?
9. Est-ce que vous êtes sortis hier soir?
10. Est-ce qu'ils sont descendus au premier étage?

## S  questions et réponses

Choisis la bonne réponse à chaque question!

1. «Qu'est-ce que tu as fait hier soir?»
2. «Quand est-ce que tu vas arriver?»
3. «Est-ce qu'ils sont partis pour Montréal?»
4. «Où est-ce qu'ils ont passé le week-end?»
5. «Pourquoi est-ce que les élèves sont en retard?»
6. «Où est-ce que vous préférez aller?»
7. «Tu es monté par l'ascenseur?»
8. «Fait-il souvent la cuisine?»
9. «Que fait-elle ce soir?»
10. «Tu ne comprends pas le passé composé?»

«Non, pas encore. Ils attendent Claire.»
«Bien sûr! Serge habite au dixième étage!»
«Au cinéma. Il y a un bon film d'action au *Bijou*.»
«Et comment! Il fait des biscuits délicieux!»
«Ses devoirs. Elle est très occupée.»
«Je suis allé chez Lucien.»
«Dans les Laurentides. Ils ont fait du ski tous les jours.»
«Si, si! J'ai appris le système enfin!»
«Vers une heure, je pense.»
«L'autobus est arrivé en retard.»

# grammaire

## 1 les adjectifs réguliers

| masculin | | féminin | |
|---|---|---|---|
| **singulier** | **pluriel** | **singulier** | **pluriel** |
| autre* | autres | autre | autres |
| cassé | cassés | cassée | cassées |
| célèbre* | célèbres | célèbre | célèbres |
| excellent* | excellents | excellente | excellentes |
| grand* | grands | grande | grandes |
| gris | gris | grise | grises |
| joli* | jolis | jolie | jolies |
| petit* | petits | petite | petites |
| sensass† | sensass | sensass | sensass |
| super† | super | super | super |
| sympa† | sympa | sympa | sympa |
| vrai* | vrais | vraie | vraies |

## 2 les adjectifs irréguliers

| masculin | | féminin | |
|---|---|---|---|
| **singulier** | **pluriel** | **singulier** | **pluriel** |
| beau* (bel•) | beaux | belle | belles |
| blanc | blancs | blanche | blanches |
| bon* | bons | bonne | bonnes |
| canadien | canadiens | canadienne | canadiennes |
| ce* (cet•) | ces | cette | ces |
| délicieux◆ | délicieux | délicieuse | délicieuses |
| dernier* | derniers | dernière | dernières |
| favori | favoris | favorite | favorites |
| fou | fous | folle | folles |
| naturel | naturels | naturelle | naturelles |
| nouveau (nouvel•) | nouveaux | nouvelle | nouvelles |
| premier• | premiers | première | premières |
| quel* | quels | quelle | quelles |
| tout* | tous | toute | toutes |

\* précède le nom
† invariable
• devant une voyelle ou un «h» muet
◆ comme *délicieux: dangereux, ennuyeux, heureux, nerveux*

## 3  les adjectifs possessifs

| singulier | | pluriel |
|---|---|---|
| **masculin** | **féminin** | **masculin ou féminin** |
| *mon* père | *ma* mère | *mes* parents |
| *ton* père | *ta* mère | *tes* parents |
| *son* père | *sa* mère | *ses* parents |
| *notre* père | *notre* mère | *nos* parents |
| *votre* père | *votre* mère | *vos* parents |
| *leur* père | *leur* mère | *leurs* parents |

## 4  les adverbes

| | | | | |
|---|---|---|---|---|
| alors | bientôt | enfin | peu | toujours |
| assez | d'abord | en retard | puis | tout à coup |
| aussi | déjà | loin | plus tard | tout de suite |
| beaucoup | d'habitude | maintenant | quelquefois | très |
| bien | encore | pendant | souvent | trop |
| | | | | vite |

Ils dansent **beaucoup**.
Elle est **très** intelligente.
Tu manges **trop vite**!

### les adverbes en -*ment*

| adjectifs | adverbes |
|---|---|
| correct, correcte ⟶ | correcte*ment* |
| facile, facile ⟶ | facile*ment* |
| heureux, heureuse ⟶ | heureuse*ment* |
| naturel, naturelle ⟶ | naturelle*ment* |
| parfait, parfaite ⟶ | parfaite*ment* |
| premier, première ⟶ | première*ment* |
| rapide, rapide ⟶ | rapide*ment* |

### ⬡ttention!

| | |
|---|---|
| *vrai, vraie* ⟶ | *vraiment* |

## 5  l'article défini

| masculin | | féminin | |
|---|---|---|---|
| **singulier** | **pluriel** | **singulier** | **pluriel** |
| *le* chanteur | *les* chanteurs | *la* chanteuse | *les* chanteuses |
| *l'*album | *les* albums | *l'*année | *les* années |

## 6   l'article indéfini

|  | masculin |  |  | féminin |  |
| --- | --- | --- | --- | --- | --- |
| **singulier** | **pluriel** |  | **singulier** | **pluriel** |  |
| *un* voisin | *des* voisins |  | *une* voisine | *des* voisines |  |
| *un* étage | *des* étages |  | *une* histoire | *des* histoires |  |

### ⬡ttention!

Voilà *de* célèbres vedettes!
Il a pris *d'*excellentes photos.

Quand un adjectif précède un nom au pluriel, utilise *de* (*d'*).

## 7   l'article partitif

|  | masculin |  | féminin |  |
| --- | --- | --- | --- | --- |
| *du* pain | *de l'*argent |  | *de la* viande | *de l'*eau |

## 8   les expressions avec *avoir*

C'est l'anniversaire d'Anne aujourd'hui. Elle *a* quatorze *ans*.
Lucien a commandé une pizza de luxe. Il *a* vraiment *faim*!
Trois boîtes de coca, s'il vous plaît. J'*ai soif*!
Votre réponse n'est pas correcte. Vous *avez tort*.
Lise a répondu correctement encore une fois. Elle *a* toujours *raison*.
Les Benoît ont gagné une nouvelle auto. Ils *ont de la chance*!
Il fait trente degrés Celsius. Nous *avons* très *chaud*!
Pourquoi portes-tu deux chandails? *As*-tu *froid*?
Je ne regarde jamais les films d'horreur. J'*ai peur* des monstres!
Ces actrices ne sont pas très populaires. Elles *ont besoin de* fans.

## 9   les expressions de quantité

Je n'ai jamais *assez d'*argent.
A-t-il *beaucoup d'*amis?
*Combien de* beignets y a-t-il dans la boîte?
Nous avons passé très *peu de* temps chez Luc.
Ce prof donne *trop de* devoirs!
Zut! J'ai cassé *une bouteille de* jus!

Nous avons besoin d'*un litre de* lait.
*Un kilo de* bananes, s'il vous plaît.
Il y a *un sac de* biscuits sur le comptoir.
C'est combien *une boîte de* chocolats?
Elle a acheté *une paire de* jeans.

### ⬡ttention!

Avec une expression de quantité, utilise *de* (*d'*) devant un nom.

## 10   l'expression *y*

– Est-ce qu'ils vont *à Saint-Donat*?
– Oui, ils *y* vont ce week-end.

– Vas-tu *chez le dentiste*?
– Oui, j'*y* vais à onze heures.

L'expression *y* = une préposition de lieu + un nom.

## 11   le futur proche

Je *vais téléphoner* à Jules demain.
Qu'est-ce que tu *vas faire* ce soir?
Il ne *va* pas *finir* avant minuit.
Elle *va prendre* l'autobus demain matin.
Nous *allons descendre* en ville plus tard.
Quand est-ce que vous *allez retourner* à Halifax?
Ils ne *vont* pas *raconter* toute l'histoire.
Est-ce qu'elles *vont apprendre* le français?

> *aller* + un infinitif = le futur proche

## 12   la négation

**phrases affirmatives**

J'ai assez d'argent.
Il travaille toujours.
Elles achètent quelque chose.
Elle cherche un cadeau.
Nous avons trouvé une solution.
Je fais souvent des biscuits.
Tu as perdu du temps!
Il y a de la glace dans le frigo.
Tu vas donner de l'argent à Guy?

**phrases négatives**

Je n'ai pas assez d'argent.
Il ne travaille jamais.
Elles n'achètent rien.
Elle ne cherche pas de cadeau.
Nous n'avons pas trouvé de solution.
Je ne fais jamais de biscuits.
Tu n'as pas perdu de temps!
Il n'y a pas de glace dans le frigo.
Tu ne vas pas donner d'argent à Guy?

**⬤attention!**

Dans une phrase négative, *un, une, des, du, de la* et *de l'* changent à *de* (*d'*), si le verbe n'est pas *être*.

C'est un loup. ⎯⎯⎯⎯⎯⎯⎯⎯⎯⎯⎯⎯→ Ce n'est pas un loup.
Ce sont des acteurs. ⎯⎯⎯⎯⎯⎯⎯⎯⎯→ Ce ne sont pas des acteurs.
C'est du pain français. ⎯⎯⎯⎯⎯⎯⎯⎯→ Ce n'est pas du pain français.

## 13   les nombres cardinaux

| | | | |
|---|---|---|---|
| 0 zéro | 13 treize | 40 quarante | 81 quatre-vingt-un |
| 1 un(e) | 14 quatorze | 41 quarante et un | 82 quatre-vingt-deux |
| 2 deux | 15 quinze | 42 quarante-deux | 90 quatre-vingt-dix |
| 3 trois | 16 seize | 50 cinquante | 91 quatre-vingt-onze |
| 4 quatre | 17 dix-sept | 51 cinquante et un | 92 quatre-vingt-douze |
| 5 cinq | 18 dix-huit | 52 cinquante-deux | 100 cent |
| 6 six | 19 dix-neuf | 60 soixante | 101 cent un |
| 7 sept | 20 vingt | 61 soixante et un | 102 cent deux |
| 8 huit | 21 vingt et un | 62 soixante-deux | 200 deux cents |
| 9 neuf | 22 vingt-deux | 70 soixante-dix | 201 deux cent un |
| 10 dix | 30 trente | 71 soixante et onze | 1000 mille |
| 11 onze | 31 trente et un | 72 soixante-douze | 1001 mille un |
| 12 douze | 32 trente-deux | 80 quatre-vingts | 2000 deux mille |

## 14  les nombres ordinaux

| | | | |
|---|---|---|---|
| 1<sup>er</sup> premier | | 6<sup>e</sup> sixième | |
| 1<sup>re</sup> première | | 7<sup>e</sup> septième | |
| 2<sup>e</sup> deuxième | | 8<sup>e</sup> huitième | |
| 3<sup>e</sup> troisième | | 9<sup>e</sup> neuvième | |
| 4<sup>e</sup> quatrième | | 10<sup>e</sup> dixième | |
| 5<sup>e</sup> cinquième | | | |

## 15  le pluriel des noms

| singulier | pluriel |
|---|---|
| un tiroir | des tiroirs |
| une histoire | des histoires |
| un kilo | des kilos |
| une party | des partys |
| un sandwich | des sandwichs |
| une fois | des fois |
| un rendez-vous | des rendez-vous |
| un passe-temps | des passe-temps |
| un choix | des choix |
| un chapeau | des chapeaux |
| un journal | des journaux |
| un jeu | des jeux |
| une bande dessinée | des bandes dessinées |
| un film d'action | des films d'action |
| une grand-mère | des grands-mères |
| un bureau de poste | des bureaux de poste |

**attention!**

M. et Mme Gauthier ⟶ les Gauthier

## 16  la préposition *à*

Le train est arrivé *à* Montréal.
Le test va commencer *à* onze heures.
Tu vas donner ce disque *à* Henri?
J'espère parler *à* mes copains bientôt.

Est-ce que tu as parlé *au* prof?
Vous n'avez pas répondu *à la* question?
Les touristes dînent *à l'*hôtel.
J'ai parlé *aux* acteurs et *aux* actrices!

**attention!**

à + le → au          à + les → aux

## 17  la préposition *de*

J'ai trouvé l'argent *de* Marie.
Il n'a pas cassé le stéréo *de* son copain.
Elle est allée au bureau *du* détective.

Est-ce la guitare *de la* chanteuse?
C'est la dernière page *de l'*histoire.
Voilà la nouvelle voiture *des* voisins!

### ⬡attention!

de + le → du          de + les → des

## 18  les pronoms

•– Qu'est-ce que Nicole cherche?
 – Elle cherche ses lunettes.
•– Est-ce que Roc LeRoc chante bien?
 – Bien sûr! Il a un talent naturel!
•– Qu'est-ce que tes frères font?
 – Ils font la vaisselle.
•– Comment sont Rose et Marie?
 – Elles sont très fatiguées!
•– Où est-ce que Luc et Lucie vont?
 – Ils vont chez Denis.

•– Ce film a beaucoup d'action?
 – Non, il a très peu d'action!
•– Où est la banque?
 – Elle est près de la pizzeria.
•– Tu n'aimes pas les sports?
 – Si! J'adore patiner!
•– Vous allez à Paris, mademoiselle?
 – Oui, je prends l'avion demain.
•– Vous avez peur, les enfants?
 – Et comment! Nous détestons les films d'horreur!

## 19  les questions

| l'intonation | est-ce que (qu') | l'inversion |
|---|---|---|
| Tu parles français? | Est-ce que tu parles français? | Parles-tu français? |
| C'est un gorille? | Est-ce que c'est un gorille? | Est-ce un gorille? |
| Il porte des lunettes? | Est-ce qu'il porte des lunettes? | Porte-t-il des lunettes? |
| Elle va à Bagdad? | Est-ce qu'elle va à Bagdad? | Va-t-elle à Bagdad? |

### les expressions interrogatives

| est-ce que | l'inversion | réponses |
|---|---|---|
| *À quelle heure* est-ce que vous arrivez? | *À quelle heure* arrivez-vous? | Nous arrivons vers midi. |
| *À qui* est-ce que tu téléphones? | *À qui* téléphones-tu? | À Alain. |
| *Combien de* beignets est-ce qu'il y a? | *Combien de* beignets y a-t-il? | Il y a deux beignets. |
| *Comment* est-ce qu'ils rentrent? | *Comment* rentrent-ils? | Ils prennent le métro. |
| *Est-ce que* vous avez peur? | Avez-vous peur? | Non, je n'ai pas peur. |
| *Où* est-ce qu'elle retourne? | *Où* retourne-t-elle? | À Boston. |
| *Pourquoi* est-ce que tu es triste? | *Pourquoi* es-tu triste? | Parce que j'ai perdu mon chien! |
| *Quand* est-ce qu'il descend en ville? | *Quand* descend-il en ville? | Après les classes. |
| *Qu'est-ce que* vous faites? | *Que* faites-vous? | Nous travaillons. |
| *Qui* est-ce qu'il cherche? | *Qui* cherche-t-il? | Son petit frère. |

## 20 les verbes réguliers (AU PRÉSENT)

**les verbes en -er**

| parler | acheter | commencer | manger* | préférer* |
|---|---|---|---|---|
| je parle | j'achète | je commence | je mange | je préfère |
| tu parles | tu achètes | tu commences | tu manges | tu préfères |
| il parle | il achète | il commence | il mange | il préfère |
| elle parle | elle achète | elle commence | elle mange | elle préfère |
| nous parlons | nous achetons | nous commençons | nous mangeons | nous préférons |
| vous parlez | vous achetez | vous commencez | vous mangez | vous préférez |
| ils parlent | ils achètent | ils commencent | ils mangent | ils préfèrent |
| elles parlent | elles achètent | elles commencent | elles mangent | elles préfèrent |

**les verbes en -ir**
**finir***

je finis
tu finis
il finit
elle finit
nous finissons
vous finissez
ils finissent
elles finissent

**les verbes en -re**
**vendre***

je vends
tu vends
il vend
elle vend
nous vendons
vous vendez
ils vendent
elles vendent

\* comme *manger*:
échan*ger*, ran*ger*

\* comme *préférer*:
espérer

\* comme *finir*:
choisir, réfléchir

\* comme *vendre*:
attendre, descendre, entendre,
perdre, répondre

## 21 les verbes irréguliers (AU PRÉSENT)

| aller | avoir | être | faire | prendre* |
|---|---|---|---|---|
| je vais | j'ai | je suis | je fais | je prends |
| tu vas | tu as | tu es | tu fais | tu prends |
| il va | il a | il est | il fait | il prend |
| elle va | elle a | elle est | elle fait | elle prend |
| nous allons | nous avons | nous sommes | nous faisons | nous prenons |
| vous allez | vous avez | vous êtes | vous faites | vous prenez |
| ils vont | ils ont | ils sont | ils font | ils prennent |
| elles vont | elles ont | elles sont | elles font | elles prennent |

\* comme *prendre*: *apprendre, comprendre*

## 22 le passé composé: les verbes réguliers avec *avoir*

| les verbes en *-er* | les verbes en *-ir* | les verbes en *-re* |
|---|---|---|
| **parler** | **finir** | **vendre** |
| j'ai parlé | j'ai fini | j'ai vendu |
| tu as parlé | tu as fini | tu as vendu |
| il a parlé | il a fini | il a vendu |
| elle a parlé | elle a fini | elle a vendu |
| nous avons parlé | nous avons fini | nous avons vendu |
| vous avez parlé | vous avez fini | vous avez vendu |
| ils ont parlé | ils ont fini | ils ont vendu |
| elles ont parlé | elles ont fini | elles ont vendu |

## 23 le passé composé: les verbes irréguliers avec *avoir*

| **faire** | **prendre\*** |
|---|---|
| j'ai fait | j'ai pris |
| tu as fait | tu as pris |
| il a fait | il a pris |
| elle a fait | elle a pris |
| nous avons fait | nous avons pris |
| vous avez fait | vous avez pris |
| ils ont fait | ils ont pris |
| elles ont fait | elles ont pris |

\*comme *prendre: apprendre, comprendre*

## 24 le passé composé: les verbes avec *être*

| les verbes en *-er* | les verbes en *-ir* | les verbes en *–re* |
|---|---|---|
| **arriver\*** | **partir\*** | **descendre** |
| je suis arrivé(e) | je suis parti(e) | je suis descendu(e) |
| tu es arrivé(e) | tu es parti(e) | tu es descendu(e) |
| il est arrivé | il est parti | il est descendu |
| elle est arrivée . | elle est partie | elle est descendue |
| nous sommes arrivé(e)s | nous sommes parti(e)s | nous sommes descendu(e)s |
| vous êtes arrivé(e)(s) | vous êtes parti(e)(s) | vous êtes descendu(e)(s) |
| ils sont arrivés | ils sont partis | ils sont descendus |
| elles sont arrivées | elles sont parties | elles sont descendues |

\* comme *arriver*: all*er*, entr*er*, mont*er*, rest*er*, tomb*er*, rentr*er*, retourn*er*

\* comme *partir*: sort*ir*

## 25  les verbes et l'infinitif

Elle **adore patiner**.
Est-ce que tu **aimes danser**?
Il n'**aime** pas **faire** la vaisselle.
Nous **détestons garder** notre petit frère.
J'**aime mieux rester** chez moi.

Nous **préférons prendre** le train.
Est-ce que vous **espérez parler** français?

## 26  les verbes et les prépositions

Nous **allons à** Winnipeg.
Il **est allé chez** le coiffeur.
Elle **va montrer** ses photos **à** Angèle.
Qui **va parler à** la directrice?
Je n'**ai** pas **parlé avec** Georges hier.
Est-ce que tu **as répondu à** sa lettre?
Qui **a téléphoné à** monsieur Laval?
Les élèves **sont entrés dans** l'école.
Pourquoi est-ce qu'elle **a pressé sur** ⟨RETURN⟩?

# vocabulaire

## A

**à** at; in; to; **à bicyclette** by bicycle; **à cause de** because of; **à droite** (to/on the) right; **à gauche** (to/on the) left; **à l'intérieur** inside; **à la main** in his/her hand; **à la maison** at home; **à la télé** on TV; **à moto** by motorcycle; **à pied** on foot; **à propos** by the way; **à suivre** to be continued

**à bientôt** see you soon!

**à côté de** next door to; beside

**à demain!** see you tomorrow! until tomorrow!

**à la prochaine!** see you next time! until next time!

**un accordéon** accordion

**acheter** to buy

**un acteur** actor

**une actrice** actress

**adorer** to adore

**une adresse** address

**un aéroport** airport

**africain, africaine** African

**l'Afrique** f. Africa; **l'Afrique du nord** f. North Africa

**un âge: quel âge as-tu?** how old are you?

**aider** to help

**aimer** to like; **aimer mieux** to prefer, to like better

**un album** album

**l'Algérie** f. Algeria

**l'Allemagne** f. Germany

**l'allemand** m. German

**aller** to go; **allons-y!** let's go! **vas-y!** go ahead!

**allô!** hello! (on the telephone)

**alors** so; then

**l'Amérique** f. America; **l'Amérique du Nord** f. North America

**un ami, une amie** friend

**amusant** entertaining; **c'est amusant** it's fun

**s'amuser** to enjoy oneself, to have fun

**un an** year

**ancien, ancienne** ancient; former

**l'anglais** English

**l'Angleterre** f. England

**une année** year

**un anniversaire** birthday

**un annonceur** announcer

**août** August

**un appartement** apartment

**appeler** to call

**s'appeler** to be called, to be named; **je m'appelle …** my name is …

**apprendre** to learn

**après** after; afterwards; **après les classes** after school

**l'argent** m. money

**un arôme** aroma

**arriver** to arrive

**assez** enough

**attacher** to tie, to attach

**attendre** to wait (for)

**attention!** watch out! be careful!

**au revoir** good-bye

**au secours!** help!

**aujourd'hui** today

**aussi** also, too

**une auto** car; **en auto** by car

**un autobus** bus; **en autobus** by bus

**un autographe** autograph

**l'automne** m. fall, autumn; **en automne** in (the) fall

**une autoroute** highway

**autre** other

**l'Autriche** f. Austria

**avant** before

**avec** with

**une aventure** adventure

**un avion** airplane; **en avion** by plane

**avoir** to have; **avoir besoin (de)** to need; **avoir chaud** to be hot, warm; **avoir de la chance** to be lucky; **avoir faim** to be hungry; **avoir froid** to be cold; **avoir les cheveux …** to have … hair; **avoir les yeux …** to have … eyes; **avoir peur (de)** to be afraid (of); **avoir soif** to be thirsty; **avoir tort** to be wrong; **avoir … ans** to be … (years old)

**avril** April

## B

**une banane** banana

**une bande dessinée** comic book

**une banque** bank

**baroque** baroque

**le basket-ball** basketball

**un bateau** boat; **en bateau** by boat

**un bâtiment** building

**beau (bel), belle** beautiful, pretty, handsome

**beaucoup** very much; **beaucoup de** a lot of

**un beignet** doughnut

**belge** Belgian

**la Belgique** Belgium

**une bibliothèque** library

**une bicyclette** bicycle; **à bicyclette** by bicycle

**bien** well; **ça va bien** I'm fine

**bien sûr!** of course! sure!

**bientôt** soon; **à bientôt!** see you soon!

**bienvenue (à …)!** welcome (to …)!

**bilingue** bilingual

**un billet** ticket

**bis** twice

**un biscuit** cookie

**blanc, blanche** white

**bleu, bleue** blue

**blond, blonde** blond

**une blouse** blouse

**une boîte** box; can

**bon, bonne** good; **bon anniversaire!** happy birthday! **bon appétit!** enjoy your meal! **bon voyage!** enjoy your trip! **bonne chance!** good luck! **bonne fête!** happy birthday! **bonne nuit!** good night!

**un bonbon** candy

**bonsoir** good evening

**une boulangerie** bakery, bakeshop

**un boulevard** boulevard

**une bouteille** bottle

**bravo!** hooray! well done!

**la Bretagne** Britain

**bronzé, bronzée** (sun)tanned

**un bruit** noise

**brun, brune** brown

**Bruxelles** Brussels

**un bureau** desk; office; **un bureau de poste** post office
**un but** goal

## C

**ça** it, that; **ça suffit** that's enough; that will do; **ça coûte cher** it/that is expensive; **ça fait …** that makes/costs …; **ça va?** how are you? **ça va bien** I'm fine; **ça va mal** things are going badly; **ça, c'est le comble!** that does it! that's the last straw!
**un cadeau** gift, present
**le café** coffee
**une cafétéria** cafeteria
**un cahier** notebook, workbook
**une calculatrice** calculator
**un calendrier** calendar
**un camion** truck
**une camionnette** van
**le Canada** Canada; **au Canada** to/in Canada
**canadien, canadienne** Canadian
**un canot** canoe
**un capitaine** captain
**une carte** card; map; **une carte postale** postcard
**un cascadeur** stuntman
**une cascadeuse** stuntwoman
**cassé, cassée** broken
**casser** to break
**une cassette** cassette
**ce (cet), cette, ces** this, that; these, those
**c'est: c'est ça!** that's right!
**c'est combien?** how much is it/that? **c'est dommage!** that's too bad! **c'est quand, …?** when is …? **c'est tout?** is that all?
**cela** that
**célèbre** famous
**cent** one hundred
**un centre d'achats** shopping centre
**le centre-ville** town centre, city centre
**des céréales** f. cereal
**certainement** of course, certainly
**un cerveau** brain
**une chaise** chair
**un chalet** cottage
**une chambre (à coucher)** bedroom

**un chameau** camel
**un champignon** mushroom
**un championnat** championship
**la chance** chance, luck
**un chandail** sweater
**une chanson** song
**chanter** to sing
**un chanteur, une chanteuse** singer
**un chapeau** hat
**chaque** each
**un chat** cat
**un chef** leader, chief
**une chemise** shirt
**cher, chère** dear
**chercher** to look for
**les cheveux** m. hair
**chez** to/at the house/place of; **chez elle/lui/moi/nous/toi** to/at her/his/my/our/your house/place; **chez le coiffeur** at the barber's; **chez les Duval** to/at the Duvals' house/place
**un chien** dog
**la Chine** China
**le chinois** Chinese
**des chips** m. (potato) chips
**un chocolat** chocolate
**choisir** to choose
**un choix** choice
**chouette** great, cute
**un cinéma** movie theatre
**clair, claire** bright, clear
**une clarinette** clarinet
**une classe** class
**un coca** cola
**un coiffeur** barber
**une collection** collection
**collectionner** to collect
**une colline** hill
**combien (de)** how much, how many; **c'est combien?** how much is it/that? **combien est-ce que tu mesures?** how tall are you? **combien font 72 et 39?** how much are 72 and 39?
**une comédie** comedy
**commander** to order (food)
**comme: comme ça** like this/that; this/that way; **comme ci, comme ça** so-so
**commencer** to begin, to start
**comment** how; **comment allez-vous?** how are you? **comment ça?** how's that? what do you mean?

**comment est/sont …?** what is/are … like? how is/are …? **comment t'appelles-tu?** what is your name? **comment vas-tu?** how are you? **et comment!** and how!
**comprendre** to understand
**un comptoir** counter
**confortable** comfortable
**content, contente** happy, glad
**continuer** to continue
**contre** against
**un copain, une copine** friend, pal
**correct, correcte** correct, right
**une côte** coast
**une couleur** colour; **de quelle couleur est …?** what colour is …?
**le courage** courage
**un cours** course
**couvert, couverte** covered
**une craie** piece of chalk
**un crayon** pencil
**une créature** creature
**le créole** Creole
**crier** to scream, to cry out
**la cuisine** kitchen; cooking
**cultiver** to cultivate
**un cyclomoteur** moped

## D

**d'abord** first, first of all
**d'accord** all right, okay
**d'habitude** usually
**dangereux, dangereuse** dangerous
**dans** in
**une danse** dance
**danser** to dance
**la date** date; **quelle est la date aujourd'hui?** what is the date today?
**de** of; from
**de l', de la, du** some, any
**de rien** you're welcome
**décembre** December
**découvert, découverte** discovered
**déjà** already
**le déjeuner** lunch; ♣ breakfast
**délicieux, délicieuse** delicious
**demain** tomorrow
**demander** to ask (for)
**un dentiste** dentist
**dernier, dernière** last, final
**derrière** behind

un **désastre** disaster
**descendre** to come down, to go down
**désirer: vous désirez?** may I help you?
le **dessert** dessert
le **dessin** art
un **détective** detective
**détester** to hate, to detest
**devant** in front of
les **devoirs** *m.* homework
un **diamant** diamond
**difficile** hard, difficult
**dimanche** Sunday
**dîner** to have dinner
le **dîner** dinner, supper; ♣ lunch
un **dinosaure** dinosaur
un **directeur, une directrice** principal
des **directions** *f.* directions
**disponible** available
une **dispute** argument
un **disque** record
**dit** says
**divisé, divisée** divided
**diviser** to divide
un **docteur** doctor
un **documentaire** documentary (movie)
**donc** so; then
**donner** to give
**drôle** funny

E

l'**eau** *f.* water
**échanger** to exchange
une **école** school
**économique** economical
**écouter** to listen (to)
l'**éducation physique** *f.* physical education
une **église** church
**eh bien** well then
un **élève, une élève** student
**elle** she; it; **elles** they
une **émission** program (*on TV or radio*)
un **employé, une employée** employee
**en** by; in; to; **en plein air** in (the) open air; **en Europe** to/in Europe; **en France** to/in France; **en auto** by car; **en autobus** by bus; **en automne** in (the) fall; **en avion** by plane; **en avril** in

April; **en bateau** by boat; **en été** in (the) summer; **en hiver** in (the) winter; **en métro** by subway; **en plein air** outdoors; **en route** bound for, heading for, on the way (to); **en taxi** by taxi; **en train** by train; **en ville** in town; downtown; **en voiture** by car
**encore** again; **encore une fois** once more, again
un(e) **enfant** child
**enfin** finally, at last
**ennuyeux, ennuyeuse** boring
**entendre** to hear
**entre** between; **entre nous** between us
**entrer** to come/go in, to enter
**entrer (dans)** to enter, to go in(to)
une **épicerie** grocery store
une **équipe** team
l'**espace** *m.* space
l'**espagnol** *m.* Spanish
**espérer** to hope
**et** and; **et comment!** and how!
un **étage** storey, floor (of a building)
un **étalage** stall, stand
l'**été** *m.* summer; **en été** in (the) summer
**être** to be; **être d'accord** to agree; **être en retard** to be late; **je suis là …** I'll be there …
un **étudiant** student
l'**Europe** *f.* Europe
**exactement** exactly, that's right
**excellent, excellente** excellent, fine
**excité, excitée** excited
un **exercice** exercise
un **expert** expert
une **exposition de voitures** automotive show
**extraordinaire** extraordinary

F

**fâché, fâchée** angry
**facile** easy
**faire** to do; to make; to be (of weather); **faire de la gymnastique** to do gymnastics; **faire de la**

**natation** to swim; **faire de la photo** to take photographs; **faire de la raquette** to snowshoe, to go snowshoeing; **faire de l'équitation** to go (horseback) riding; **faire des achats** to shop, to do some shopping; **faire du camping** to camp, to go camping; **faire du jogging** to jog, to go jogging; **faire du ski** to ski, to go skiing; **faire du sport** to play sports; **faire du toboggan** to toboggan, to go tobogganing; **faire la cuisine** to cook; to prepare a meal; **faire la grasse matinée** to sleep in (late); **faire la vaisselle** to do, to wash the dishes; **faire les emplettes** to do the shopping; **faire partie d'une équipe** to be on a team; to play on a team; **faire un voyage** to take a trip; **faire une partie** to play a game; **faire une promenade** to go for a walk; **il fait beau** it's nice; **il fait chaud** it's hot; **il fait clair** it's clear; **il fait du soleil** it's sunny; **il fait du vent** it's windy; **il fait frais** it's cool; **il fait froid** it's cold; **il fait mauvais** it's terrible; **il fait sombre** it's overcast
une **famille** family
un **fan** fan
**fanatique** fanatical
**fantastique** fantastic
**fatigué, fatiguée** tired
**fauché, fauchée** broke, without money
**faux** false; **vrai ou faux?** true or false?
**favori, favorite** favourite
une **fenêtre** window
**fermé, fermée** closed
une **fête** holiday; celebration
un **feu (des feux)** traffic light
**février** February
**fier, fière** proud
une **fille** daughter; girl
un **film** movie, film; **un film d'action** action film; **un film d'aventure** adventure movie; **un film d'horreur** horror

movie; **un film de science-fiction** science fiction movie; **un film romantique** romance (movie)

**un fils** son

**la fin** (the) end; **à la fin de** at the end of

**finalement** finally

**finir** to finish

**flamand, flamande** Flemish

**un fleuve** river; **le fleuve Saint-Laurent** the St. Lawrence River

**Floride** Florida; **en Floride** to Florida

**une fois** time

**une fôret** forest

**formidable** great, terrific

**fort, forte** strong

**fou, folle** crazy

**le français** French (language)

**les Français** *m.* the French (people)

**la France** France; **en France** to/in France

**francophone** French-speaking

**un frère** brother

**un frigo** refrigerator

**des frites** *f.* French fries

**froid: avoir froid** to be cold

**le fromage** cheese

**des fruits de mer** *m.* seafood

## G

**gagner** to win

**un garage** garage

**garçon** boy

**un garde** guard

**garder** to keep, to retain

**garder des enfants** to babysit

**un gâteau** cake

**un genre** type

**gentil, gentille** kind, nice, pleasant

**la géographie** geography

**la glace** ice cream; **la glace au chocolat** chocolate ice cream

**la gloire** glory

**un golfe** gulf; **le golfe du Saint-Laurent** the Gulf of St. Lawrence

**une gomme** eraser

**un gorille** gorilla

**un goûter** snack

**un grand magasin** department store

**grand, grande** big; tall

**grand–maman** grandma

**une grand–mère** grandmother

**grand–papa** grandpa

**un grand–père** grandfather

**les grands-parents** *m.* grandparents

**le grec** Greek

**gris, grise** grey

**un groupe (rock)** (rock) group

**la Guadeloupe** Guadeloupe

**un guide** guide; guidebook

**une guitare** guitar

**un guitariste, une guitariste** guitarist, guitar player

**un gymnase** gymnasium

## H

**habiter** to live; **habiter 93, rue Talon** to live at 93 Talon Street; **habiter à Paris** to live in Paris; **habiter dans un appartement/une maison** to live in an apartment/a house

**Haïti** Haiti

**haïtien, haïtienne** Haitian

**un hamburger** hamburger

**hein?** eh?

**une héroïne** heroine

**un héros** hero

**une heure** hour; **deux heures moins dix** 1:50; **deux heures moins le quart** 1:45; **il est une heure** it's one o'clock; **une heure cinq** 1:05; **une heure et demie** 1:30; **une heure et quart** 1:15

**heureusement** fortunately

**heureux, heureuse** happy

**hier** yesterday; **hier soir** last night

**l'histoire** *f.* story; history

**l'hiver** *m.* winter; **en hiver** in (the) winter

**le hockey** hockey

**un homme** man

**horrible** horrible

**un hôtel** hotel

**hourra!** hooray!

## I

**ici** here; **d'ici** from here

**une idée** idea

**idiot, idiote** stupid, crazy

**il** he, it; **ils** they

**il n'y a pas de quoi** you're welcome

**il y a** there is/are

**une île** island

**imagine!** imagine! just think!

**imbécile!** (you) dummy!

**incroyable** unbelievable, incredible

**un insecte** insect

**intelligent, intelligente** intelligent

**intéressant, intéressante** interesting

**l'intérieur** interior

**une interview** interview

**inventer** to invent

**une invention** invention

**inviter** to invite

**l'Italie** *f.* Italy

## J

**janvier** January

**le Japon** Japan

**le japonais** Japanese

**jaune** yellow

**je** I; **je comprends!** I understand! **je regrette** I'm sorry

**les jeans** *m.* jeans

**un jeu (des jeux)** game

**jeudi** Thursday

**jeune** young

**joli, jolie** pretty

**jouer** to play; **jouer au hockey/au tennis** to play hockey/tennis

**un jour** day; **les jours de la semaine** the days of the week

**un journal** newspaper

**juillet** July

**juin** June

**une jupe** skirt

**le jus** juice

**jusqu'à** until

## K

**le ketchup** ketchup

**un kilo(gramme)** kilo(gram)

## L

**l', la, le, les** the

**là** there; **je suis là …** I'll be there …; **là-bas** over there

**un lac** lake

**un lacet** lace

**laisser** to leave (something) behind

**le lait** milk
**la laitue** lettuce
**lancer** to throw
**une langue** language; **langue maternelle** mother tongue
**les Laurentides** *f.* Laurentians
**une leçon** lesson
**le lendemain matin** the following morning
**une lettre** letter
**leur, leurs** their
**une librairie** bookstore
**lisons!** let's read!
**une liste** list
**un litre** litre
**un livre** book
**loin** far (away)
**un loup** wolf
**lui** him
**lundi** Monday
**des lunettes** *f.* (eye)glasses

## M

**madame (Mme)** Mrs.
**mademoiselle (Mlle)** Miss
**un magasin** store; **un grand magasin** department store; **un magasin de disques** record store; **un magasin de sports** sports store; **un magasin vidéo** video store
**un magazine** magazine
**un magnétophone** tape recorder
**un magnétoscope** video cassette recorder
**magnifique** wonderful, magnificent
**mai** May
**maintenant** now
**le maïs** corn; **le maïs soufflé** popcorn
**une maison** house
**malade** sick, ill
**maman** mom
**manger** to eat
**un marché en plein air** open-air market
**marcher** to walk
**mardi** Tuesday
**le Maroc** Morocco
**marocain, marocaine** Moroccan
**marquer (un but, un point)** to score (a goal, a point)
**mars** March

**un Martiniquais, une Martiniquaise** inhabitant of Martinique
**martiniquais, martiniquaise** (of) from Martinique
**la Martinique** Martinique
**un match (de soccer)** (soccer) game
**les mathématiques** *f.* **(les maths)** mathematics (math)
**une matière** subject
**un matin** morning; **du matin au soir** from morning till night
**la mayonnaise** mayonnaise
**mécanique** mechanical
**le meilleur, la meilleure** the best
**la mer** sea; **la mer des Caraïbes** Caribbean Sea
**merci** thank you
**mercredi** Wednesday
**une mère** mother
**un message** message
**mesurer: mesurer … cm** to be … cm tall
**un mètre** metre
**le métro** subway; **en métro** by subway
**midi** *m.* noon, 12 o'clock; **midi et demi** 12:30
**minuit** *m.* midnight; **minuit et demi** 12:30
**une minute** minute
**moi** me
**moins** less, minus; **combien font 83 moins 27?** how much is 83 minus 27? **il est deux heures moins dix** it's ten to two
**un mois** month
**mon Dieu!** my goodness!
**mon, ma, mes** my
**le monde** world; **au monde** in the world
**monsieur (M.)** Mr.; sir
**un monstre** monster
**monter** to go up; to come up
**une montre** watch
**montrer** to show
**une mosquée** mosque
**une moto(cyclette)** motorcycle; **à moto** by motorcycle
**une motoneige** snowmobile; **en motoneige** by snowmobile
**la moutarde** mustard
**un musée** museum
**la musique** music
**un mystère** mystery

## N

**nager** to swim
**la natation** swimming; **faire de la natation** to swim
**naturel, naturelle** natural
**naturellement** of course, naturally
**ne: n'est-ce pas?** isn't it so? **ne … jamais** never, not … ever; **ne … pas** not; **ne … plus** no longer, not … any more; **ne … rien** nothing, not … anything
**nécessaire** necessary
**neiger: il neige** it's snowing, it snows
**nerveux, nerveuse** nervous
**noir, noire** black
**non** no
**notre, nos** our
**nous** we
**nouveau (nouvel), nouvelle** new
**les nouvelles** *f.* (the) news
**novembre** November
**la nuit** night
**un numéro de téléphone** telephone number

## O

**occupé, occupée** busy
**un océan** ocean
**octobre** October
**officiel, officielle** official
**oh là là!** wow!
**un oignon** onion
**un oncle** uncle
**un ordinateur** computer
**organiser** to organize
**où** where
**oublier** to forget
**l'ouest** *m.* west
**oui** yes
**l'ouolof** *m.* Wolof (*a language spoken by a Muslim people of Senegal and Gambia in West Africa*)

## P

**une page** page
**le pain** bread
**une paire** pair
**la panique** panic
**un pantalon** trousers, slacks, pants

**papa** dad

**par** by; **par l'ascenseur** by (the) elevator

un **paradis** paradise

un **parapluie** umbrella

un **parc** park

**parce que** because

**pardon?** pardon?

un **parent** parent

**parfait, parfaite** perfect

un **Parisien, une Parisienne** Parisian

**parler (à, avec)** to speak, to talk (to, with); **parler anglais/ français** to speak English/ French; **tu parles!** you're kidding!

une **partie** game

**partir** to leave

**partout** everywhere

une **party** party

**pas mal, hein?** not bad, eh?

**pas: pas de problème!** no problem! **pas du tout!** not at all! **pas mal** not bad

**passé, passée** last

un **passe-temps** pastime, hobby

**passer** to pass, to spend (time); **nous passons le temps** we pass the time; **passer par** to go through

**patati et patata** and so on and so forth

un **patin** skate; **des patins à roulettes** roller skates

**patiner** to skate

un **pays** country

un **pêcheur** fisherman

**pendant** during

**pénible** annoying, irritating; **il est pénible!** he's a pain!

**penser** to think

le **pepperoni** pepperoni

**perdre** to lose

un **père** father

la **permission** permission

le **petit déjeuner** breakfast

**petit, petite** little, small

**peu (de)** little; few

la **peur** fear

une **pharmacie** drugstore

une **photo** photo

un **pianiste, une pianiste** pianist, piano player

le **pied: à nus pieds** barefoot; **à pied** on foot

un **pilote** pilot

une **piscine** swimming pool

une **pizza** pizza

une **pizzeria** pizzeria

une **place** square

une **plage** beach

**plaisanter: tu plaisantes!** you're kidding!

un **plancher** floor

un **pleur** tear

**pleuvoir: il pleut** it's raining, it rains

**plus de** more than

**plus grand(e)** bigger **le (la) plus grand(e) …** the biggest …

**plus tard** later

**poli, polie** polite

la **police** police

une **pomme de terre** potato

un **pont** bridge

un **port: port de pêche** fishing port

une **porte** door

**porter** to wear

**Porto Rico** Puerto Rico

le **portugais** Portuguese

un **poster** poster

un **poulet** chicken

**pour** for; **pour aller à …?** can you tell me the way to …? how do I get to …?

**pourquoi?** why? **pourquoi pas?** why not?

**pratique** practical

**préférer** to prefer

**premier, première** first; **le premier juin** June (the) first

**prendre** to take

**préparé, préparée** prepared

**près de** near

**presser (sur)** to press

**prêt, prête** ready

**principal, principale** principal, main

le **printemps** spring; **au printemps** in (the) spring

un **professeur** teacher

**programmer** to program

une **province** province

**public, publique** public

**puis** then, next

un **pupitre** (pupil's) desk

## Q

**qu'est-ce qu'il y a?** what's the matter?

**qu'est-ce que** what; **qu'est-ce que c'est?** what is it/that?

**quand** when; **c'est quand, …?** when is …?

un **quart** quarter

le **Québec** (province of) Quebec

**quel, quelle** which, what; what (a, an); **quel temps fait-il?** what's the weather like? **quelle heure est-il?** what time is it? **quelle idée!** what an idea!

**quelqu'un** somebody, someone

**quelque chose** something

**quelquefois** sometimes

une **question** question

**qui** who

**quitter** to leave

**quoi?** what?

## R

**raconter** to tell (a story)

une **radio** radio

un **raisin** grape

une **raison** reason

**ranger** to straighten (up), to tidy

**rapide** fast

une **raquette** racquet; **une raquette de tennis** tennis racquet

une **réaction** reaction

**réfléchir (à)** to think (about)

**regarder** to watch; to look at

une **règle** ruler

un **renard** fox

**rencontrer** to meet

un **rendez-vous** date

une **rengaine** song

**rentrer** to come/go (back) home

un **repas** meal

**répondre (à)** to answer

une **réponse** answer

un **restaurant** restaurant

**rester** to stay

**retourner** to return, to go back to

un **rire** laugh

un **rivale** rival

une **rive** shore; **la Rive Gauche/ Droite** the Left Bank/the Right Bank

une **robe** dress

la **romance** romance

le **romanche** Romansch

le **rosbif** roast beef

**rouge** red
**roux, rousse** red; **les cheveux roux** red hair
**une rue** street
**le russe** Russian

# S

**le sable** sand
**un sac** bag
**une saison** season
**une salade** salad
**une salle** room; **une salle à manger** dining room; **une salle de bains** bathroom; **une salle de classe** classroom; **une salle des professeurs** staff room
**un salon** living room
**salut!** hi!
**samedi** Saturday
**un sandwich** sandwich; **un sandwich sous-marin** submarine sandwich
**sans** without; **sans doute** no doubt
**sauf** except
**le savoir-faire** savoir-faire, know-how
**un saxophone** saxophone
**une scène** scene
**les sciences** f. science
**un score** score
**une seconde** second
**un secret** secret
**un secrétaire, une secrétaire** secretary
**le sel** salt
**selon** according to
**une semaine** week
**le Sénégal** Senegal
**sénégalais, sénégalaise** Senegalese
**sensass** great, terrific
**septembre** September
**seulement** only
**sévère** strict
**si** if; yes; so
**situé, située** situated
**le ski** skiing
**le soccer** soccer
**une soeur** sister
**un soir** evening
**une soirée** evening; night; **la soirée des parents** parents' night; **une soirée musicale** musical evening

**le soleil: le soleil couchant** setting sun
**une solution** solution
**un son** sound
**son, sa, ses** his, her; its
**sortir** to go out
**des souliers** m. shoes
**la soupe** soup
**une souris** mouse
**sous** under
**un sous-directeur, une sous-directrice** vice-principal
**souvent** often
**un spectateur** spectator; member of the audience
**un sport** sport
**un stade** stadium
**un stéréo** stereo
**un stylo** pen
**suisse** Swiss
**la Suisse** Switzerland
**suite et fin** conclusion
**super** great, super, fabulous
**un supermarché** supermarket
**sur** on
**une surprise** surprise
**sympa** likeable, kind, nice
**la syntaxe** syntax (*how words are arranged to form sentences*)
**un système** system; **le système métrique** metric system

# T

**un T-shirt** T-shirt
**une table** table
**un talent** talent
**une tante** aunt
**taper** to type, to enter (on a computer)
**un taxi** taxi; **en taxi** by taxi
**un teinturier de laine** wool dyer
**la télé(vision)** television, TV; **à la télé** on TV
**une télécabine** (overhead) cable car
**un téléphone** telephone; **au téléphone** on the telephone
**téléphoner (à)** to telephone
**le temps** time; **je n'ai pas de temps** I don't have any time; **passer le temps** to pass the time
**le temps** weather; **quel temps fait-il?** what's the weather like?
**le temps libre** free time, spare time

**la terre** earth
**un test** test
**tiens!** hey! look!
**un timbre** stamp
**tirer** to pull
**un tiroir** drawer
**le tissage** weaving
**les toasts** m. toast
**toi** you
**un toit** roof
**une tomate** tomato
**tomber** to fall
**ton, ta, tes** your
**toujours** always, all the time
**une tour** tower; **la tour Eiffel** Eiffel tower
**un tour** turn; **le Tour de France** (*a cyclists' race in France*)
**un tourne-disque** record player
**une tourtière** meat pie
**tout** everything
**tout, toute** all; every; whole, entire; **tout à coup** all of a sudden, suddenly; **tout de suite** right away; **tout droit** straight ahead; **tout le monde** everybody, everyone
**un train** train; **en train** by train
**le travail** work
**travailler** to work
**très** very
**triste** sad
**trop** too; too much; too many
**trouver** to find
**tu** you; **tu parles!** you're kidding! **tu plaisantes!** you're kidding!
**la Tunisie** Tunisia

# U

**un, une, des** a, an, some
**urgent, urgente** urgent

# V

**des vacances** f. holidays, vacation
**vas-y!** go ahead!
**une vedette** star (*refers to both males and females*)
**un vendeur, une vendeuse** salesperson
**vendre** to sell
**vendredi** Friday
**le vent** wind
**vers** about; to, toward
**vert, verte** green

# index